KB269897

십계명 언약의 10가지 말씀

웨스트민스터 대소요리문답
하이델베르크 요리문답으로 보는 십계명

십계명 언약의 10가지 말씀(교재)

3쇄찍은날 2024년 11월 5일
지 은 이 손재익
펴 낸 이 장상태
펴 낸 곳 디다스코
　　　　　서울시 서초구 서초동 1355-3 서초월드오피스텔 1605호
전　　화 02-6415-6800
팩　　스 02- 523-0640
이 메 일 is6800@naver.com

등　　록 2007년 4월 19일
신고번호 제2007-000076호

Copyright@디다스코

ISBN 979-11-956561-2-7 (93230)

값은 표지에 있습니다.

십계명 언약의 10가지 말씀

웨스트민스터 대소요리문답
하이델베르크 요리문답으로 보는 십계명

손 재 익 목사

디다스코

얼마 전, 어릴 때부터 같은 교회에서 함께 신앙생활을 하던 후배를 오랜만에 만났습니다. 이런저런 이야기를 나누던 중 십계명이 대화의 소재가 되었습니다. 그래서 제가 물었습니다. "제6계명이 뭐지?" 후배는 한참을 생각하더니 "간음하지 말라 아닌가요?"라고 대답했습니다. 그래서 제가 "다시 한 번 생각해 봐"라고 했습니다. 그 후배는 잠시 생각하더니 "도둑질 하지 말라"라고 대답했습니다. 그래서 저는 "다시 한 번만 더 생각해 봐"라고 했습니다. 후배는 끝내 대답하지 못했습니다.

저는 대답을 못했다고 후배를 꾸짖지 않았습니다. 제가 알기로 그 후배는 신앙생활을 아주 잘하고 있는 신실한 형제입니다. 늘 복음 전도에 관심을 갖고, 신앙인으로서 어떻게 살아야 할지를 고민하는 성도입니다. 다만 문제는, 교회에서 십계명을 배워 본 적이 없다는 것입니다.

물론 몇 계명이 어떤 내용인지를 정확하게 아는 것이 중요한 것은 아닙니다. 하지만, 사도신경과 주기도문은 쉽게 외우면서 정작 십계명을 잘 알지 못하는 것은 우리 시대 한국교회 성도들의 일반적인 모습입니다.

어릴 때부터 교회를 다닌 분들은 대개 사도신경과 주기도문을 암송하라는 말을 많이 들었을 것입니다. 그런데 정작 그 내용은 잘 설명해 주지 않습니다. 십계명의 경우, 내용에 대한 설명은커녕 외우라는 말조차 들어 보기 어렵습니다.

사도신경-십계명-주기도문은 기독교 신앙의 핵심을 아주 잘 요약해 놓은 것입니다. 그래서 전통적으로 이 세 가지는 교리교육의 핵심이었습니다. 하지만 기초에 해당하는 이 세 가지를 교회에서 의외로 잘 가르치지 않습니다. 그나마 사도신경과 주기도문에 대한 책은 많습니다. 특히 한국교회는 기도에 관심이 많기에 주기도문에 대한 해설과 교재는 많습니다. 하지만 안타깝게도 십계명을 공부하기 위한 교재는 생각보다 많지 않습니다.

이 책은 십계명의 방대하고도 풍성한 내용을 쉽게 공부하기 위해 제작된 교재입니다. 중학생부터 노인까지 누구나 사용할 수 있습니다.

십계명을 간단하게 이해하기란 쉽지 않습니다. 그러므로 가르치시는 분은 가급적 해설서를 먼저 읽어 보시기 바랍니다. 혼자서 공부하실 분들도 해설서를 읽으면 도움이 될 것입니다(참조. 행 8:30-31).

이 작은 책이 한국교회에 유익이 될 수 있기를 바랍니다.

2016년 7월 4일
서재에서
손 재 익

c|o|n|t|e|n|t|s

교재 사용 방법

본 교재는 소그룹이나 대그룹 모임에서 사용할 수 있습니다. 또한 혼자서 십계명을 공부하고자 하는 분도 충분히 사용 가능합니다. 모임 인도자께서는 교재와 함께 제작된 해설서를 충분히 읽은 뒤에 모임을 인도하시면 큰 도움이 될 것입니다.

본 교재는 해답을 찾기만 하는 방식이 아니라 충분한 대화와 토론을 할 수 있도록 구성되어 있으니, 모임에 참가한 분들이 활발히 참여할 수 있도록 이끌어 주시기 바랍니다.

교재는 다음과 같이 구성되어 있습니다.

마음 열기 : 각 과의 내용을 공부하기 전에 각자의 생각을 이야기하며 본격적인 공부를 준비하는 과정입니다.

말씀 살피기 : 성경과 요리문답에서 어떻게 말씀하고 있는지를 살피는 과정입니다. 각 과의 내용을 이해하는 핵심 과정입니다. 성경과 요리문답을 직접 찾아서 정답을 적어 보거나 서로의 생각을 나누는 것도 좋습니다.

열매 맺기 : 배운 내용에 근거하여 실천을 다짐하도록 적용하는 과정입니다.

요점 정리 : 각 과에서 배운 것과 알아야 할 핵심 내용을 간략하게 정리해 놓았습니다.

약자(略字)로 표시된 것은 다음과 같습니다.

WSC = 웨스트민스터 소요리문답(Westminster Shorter Catechism)

WLC = 웨스트민스터 대요리문답(Wootminster Larger Catechism)

HC = 하이델베르크 요리문답(Heidelberg Catechism)

부록에 실려 있는 요리문답을 참고하시기 바랍니다.

WSC와 WLC는 저자의 번역이며, HC는 성약출판사 번역입니다.

HC의 영어는 미국CRC교단의 것입니다.

제1과

십계명을 왜 공부해야 하는가?

참고: 웨스트민스터 소요리문답 제3, 39-40문답

웨스트민스터 대요리문답 제5, 91-92문답

마음 열기

2014년 기독교윤리실천운동(기윤실)이 성인남녀 1,000명을 대상으로 한국교회에 대한 사회적 신뢰도 여론조사를 실시한 결과 5점 척도를 기준으로 2.62점에 불과하다는 조사를 발표했다. 또한 19.4%만이 한국교회를 신뢰한다고 응답했다. '신뢰하지 않는다' 라고 응답한 비율은 44.6%다.(보통 36.0%)

타종교와 비교해도 순위는 낮았다. 가장 신뢰하는 종교는 로마가톨릭(29.2%)이었으며, 불교(28%), 기독교(21.3%) 순으로 나오는 등 3대 종교 중 최하위로 분석됐다. 무엇보다 종교가 없다고 응답한 응답자들 가운데서도 단 12.5%만이 기독교를 신뢰한다고 답했다. 로마가톨릭(47.0%)과 불교(38.0%)에 비해서도 매우 낮은 수치다.

한국 교회 사회적 신뢰도 여론조사 결과

(기독교윤리실천운동)

1. 한국교회가 최근 세상으로부터 어떻게 평가받고 있는지, 그에 대한 나의 생각은 어떠한지 이야기해 봅시다.

2. 십계명을 암송해 본 적이 있습니까? 십계명을 공부해 본 적이 있습니까? 있다면 그 경험을 이야기해 봅시다. 없다면 그 이유를 이야기해 봅시다.

☞ 이번 과에서는 십계명을 공부해야 하는 이유에 대해 배우도록 하겠습니다.

말씀 살피기

1. 찬송가의 가장 첫 페이지와 마지막 페이지에 무엇이 기록되어 있는지 살펴보고, 그 이유가 무엇일지 생각해 봅시다.

2. 십계명이 기록된 성경 본문은 어느 책, 몇 장입니까?

3. 창세기 9:6에는 몇 계명이 기록되어 있습니까?

4. 레위기 19:3에는 몇 계명이 기록되어 있습니까?

5. 신명기 27:14-26에는 몇 계명이 기록되어 있습니까?

6. 마태복음 5:1-37에는 몇 계명이 기록되어 있습니까?

7. 에베소서 4:28에는 몇 계명이 기록되어 있습니까?

8. 에베소서 6:1-9에는 몇 계명이 기록되어 있습니까?

____

> "십계명을 온전히 아는 사람은 성경 전체를 아는 것이다."
>
> 마틴 루터(Martin Luther, 1483-1546)

열매 맺기

1. 그리스도인이 십계명에 관심을 갖지 않을 때 어떻게 될지, 반대로 그리스도인
   이 십계명에 관심을 가질 때 어떻게 될지 이야기해 봅시다.

____

____

2. 그동안 십계명에 대해 얼마나 알고 있었는지 생각해 보고, 이 공부를 시작하
   는 나의 다짐을 이야기해 봅시다.

____

____

3. 십계명을 암송해 봅시다.

____

____

읽어 보기

'사도신경-십계명-주기도문'은 기독교 신자가 반드시 알아야 할 세가지 중요한 내용을 담고 있습니다. 사도신경은 "우리가 무엇을 믿는가?" 하는 믿음의 문제를, 십계명은 "그것을 믿는 우리는 어떻게 살 것인가?" 하는 삶의 문제를, 주기도문은 "그렇게 믿고 그렇게 사는 우리는 어떻게 기도할 것인가?" 하는 기도의 문제를 다룹니다.

그중에서 십계명은 종교개혁 이후 교리교육의 핵심을 이루었으니, 개혁교회 전통의 하이델베르크 요리문답은 제92문답-제115문답(총 129개 문답 중)에서 십계명을 다루고 있고, 장로교회 전통의 웨스트민스터 대요리문답은 제91문답-제149문답(총 196개 문답 중)에서, 웨스트민스터 소요리문답은 제39문답-제82문답(총 107개 문답 중)에서 십계명을 다루고 있습니다. 그리고 전통적으로 개혁교회와 장로교회는 십계명 낭독을 예배의 한 순서로 중요하게 여깁니다.

요점 정리

1. 십계명은 하나님께서 사람에게 요구하시는 본분(삶의 법칙)에 대한 가르침을 요약해 놓았습니다(WSC 제39-40문답; WLC 제91-92문답).

2. 십계명은 출애굽기 20장과 신명기 5장뿐만 아니라 성경 곳곳에 기록되어 있습니다(창 2:24; 9:6; 레 19:3,4,12; 신 27:14-26; 호 13:4; 마 5:1-37; 롬 13:1-7; 고신 11:2, 19; 엡 4:28, 6:1-9; 살후 3:10-12; 딤전 6:6-10; 요일 5:21 등).

3. 십계명은 교회 역사에서도 매우 중요하게 사용되었습니다. 특히 예배 중에 낭독되었고 모든 교인들이 공부해야 했습니다.

4. 기독교 신자가 하나님께서 요구하시는 대로 살기 위해서는 십계명을 알아야 합니다. 십계명을 공부하는 것은 기독교 신자의 본분이자 의무입니다.

십계명의 성격

참고: 웨스트민스터 대요리문답 제93-98문답

마음 열기

> 🖈 십계명은 "~을 하지 말라" "~을 하라"는 명령의 형태로 되어 있습니다. 그러다 보니 사람들이 부담을 갖습니다. 그러나 십계명이 '명령'이기만 한 것은 아닙니다. 십계명은 여러 가지 성격을 갖고 있습니다. 또한 십계명에는 하나님의 배려와 사랑이 담겨 있습니다. 왜 그러한지를 이번 과에서 살펴봅시다.

1. 평소 느끼는 '십계명'에 대한 이미지를 한 문장으로 표현해 봅시다.

____

____

☞ 이번 과에서는 십계명의 성격에 대해 배우고, 이를 통해 앞으로 본격적으로 배우게 될 십계명을 해석하는 기초를 세우도록 하겠습니다.

말씀 살피기

1. 출애굽기 34:28; 신명기 4:13; 5:2-3; 9:9,11; 역대하 5:10에 공통적으로 나오는 단어는 무엇입니까?

____

2. 십계명은 무엇을 요약해 놓은 것입니까? (WSC 제41문답; WLC 제98문답)

____

3. 2번의 답을 찾았다면, 그 말의 뜻을 웨스트민스터 대요리문답 제93문답에서

찾아봅시다. 그리고 유용한 점이 무엇인지를 웨스트민스터 대요리문답 제 95-97문답에서 찾아 생각해 봅시다.

4. 하나님은 출애굽기 20장에서 십계명을 주셨습니다. 십계명을 주시기 전에 출애굽기 19:5-6에서는 어떤 말씀을 하셨습니까?

읽어 보기

🔍 십계명과 언약

십계명은 '10개의 계명'이라는 뜻입니다. 계명은 명령이라는 말입니다. 출애굽기 24:12; 마태복음 19:17-19; 로마서 13:9 등에서 '계명'이라고 부르고 있기 때문에 붙여진 명칭입니다. 그런데 성경은 십계명을 언약이라고도 부릅니다(출 34:28; 신 4:13; 5:2-3; 9:9,11; 대하 5:10). 언약(言約, covenant)이란 하나님과 그 백성의 관계를 말합니다.

그러므로 십계명은 명령일 뿐 아니라 하나님과 우리가 맺은 언약을 증거해 줍니다. 십계명은 하나님께서 우리를 구원하신 주가 되심을 증거해 줍니다. 십계명은 우리가 하나님의 백성이라는 사실을 가르쳐 줍니다. 십계명은 언약 백성인 우리에게 이 세상을 살아가는 지침이 됩니다.

십계명과 두 돌판

십계명은 두 돌판에 기록되어 있습니다. 과거 상당수의 그리스도인들은 두 돌판에 각각 다른 내용이 기록되어 있다고 생각했습니다. 즉, 첫 번째 돌판에는 제1-4계명이,

두 번째 돌판에는 제5-10계명이 기록되어 있다고 생각한 것입니다. 그러나 이는 추측에 불과할 뿐, 성경에서는 그 사실을 명시적으로 말해 주고 있지 않습니다(참조. 출 32:15).

멘덴홀(G.E. Mendenhall)은 1954년에 고대 근동의 '히타이트'(Hittite) 제국의 종주권 조약(suzerainty treaty)을 통해 십계명의 두 돌판은 하나님과 그 백성이 맺은 언약 문서로서 동일한 내용을 두 돌판에 기록했다고 보는 것이 더 가능성 높다는 사실을 밝혔습니다.

나라 건설과 헌법 제정

모든 나라에는 헌법이 있습니다. 나라를 세우기 위해 가장 먼저 하는 일이 바로 헌법 제정입니다. 국가는 헌법을 만들어 국가의 정체성을 드러내며, 온 국민에게 반포함으로써 그 나라 국민으로서 합당한 삶을 살도록 합니다.

예컨대, 대한민국 정부는 1948년 8월 15일에 수립되었습니다. 그런데 정부 수립을 발표하기 전 가장 먼저 한 일이 '제헌국회'를 구성해 '헌법'을 제정한 것입니다. 법이 있어야 나라의 모습이 제대로 갖추어지기 때문입니다.

미국은 공식명칭(United States of America, 미합중국)에 잘 나타나 있듯이 연방 국가들로 이루어져 있습니다. 그런데 그 연방 국가들이 하나의 합중국이 되기 위해 가장 먼저 한 일이 바로 헌법을 만드는 일이었습니다. 제임스 매디슨(James Madison)을 중심으로 1787년에 헌법을 완성하였고, 1789년 조지 워싱턴이 대통령이 되면서 우리가 흔히 '미국'이라고 부르는 '미합중국'(United States of America)이 되었습니다.

하나님 나라 역시 마찬가지입니다. 출애굽기 19:3-6의 말씀을 통하여 하나님께서 이스라엘을 당신의 나라로 세우셨음이 분명해졌지만, 십계명을 반포하시어 더욱 견고하게 하셨습니다. 이제 이스라엘은 참으로 나라가 된 것입니다. 그리고 이 나라가 참으로 나라임을 분명히 하기 위해 법을 반포하셨으니 그것이 바로 율법입니다. 그 가운데 십계명은 모든 법을 포괄하고 있기 때문에 헌법이며, 십계명 뒤에 나오는 여러 가지 율법들은 비유하자면 법률입니다.

열매 맺기

1. 내가 그동안 생각했던 십계명의 이미지와 오늘 배운 십계명의 이미지는 어떻게 다른지 이야기해 봅시다.

2. 하나님의 언약 백성으로서 나는 십계명을 어떻게 지켜야 하겠습니까?

요점 정리

1. 십계명은 명령이기 이전에 하나님과 그의 백성이 맺은 언약입니다(출 34:28; 신 4:13; 5:2-3; 9:9; 대하 5:10). 그러므로 하나님의 언약 백성인 우리는 십계명을 지켜야 합니다.

2. 십계명은 하나님의 도덕법을 요약한 것으로서, 이 법을 통하여 하나님이 누구신지 알 수 있습니다. 또한 하나님의 본성에 근거한 법이기 때문에 영원토록 지켜져야 합니다(WSC 제40-41문답; WLC 제92-98문답).

3. 십계명은 하나님께서 교회를 하나님 나라로 세우기 위해 주신 법입니다(출 19:5-6). 이 법에 따라 하나님 나라를 이 땅 가운데 세워 가야 합니다.

4. 십계명을 지켜야 하는 이유는 그것이 명령이기 때문만은 아닙니다. 우리가 하나님과 언약을 맺은 백성이기에, 하나님 나라의 백성이기에 지켜야 합니다.

제3과

십계명 이해하기

참고: 웨스트민스터 대요리문답 제99-100문답

마음 열기

1. 십계명을 지키려고 노력할 때 어떤 어려운 점들이 있는지 이야기해 봅시다.

☞ 십계명을 제대로 공부하기 위해서는 미리 알아야 할 것들이 있습니다. 이번 과에서는 십계명을 이해하기 위해 알아두어야 할 것들에 대해 배우도록 하겠습니다.

말씀 살피기

1. 복음과 율법의 관계에 대해 생각해 봅시다. (갈 3:15-17)

2. 십계명을 지켜야 구원받습니까? 그렇다고 생각한다면 그 이유를 이야기해 보고, 아니라고 생각한다면 십계명을 왜 지켜야 하는지 이야기해 봅시다. (롬 3:20,28; 갈 2:16,21; WSC 제82문답; WLC 제149문답; HC 제114-115문답)

3. 제1-3, 6-10계명과 제4, 5계명에 어떤 표현적 차이가 있는지 자세히 살펴봅시다.

4. 제1-3, 6-10계명을 제4, 5계명처럼 바꾸어 봅시다. 또 제4, 5계명을 제1-3, 6-10계명처럼 바꾸어 봅시다.

5. 제6계명 "살인하지 말라"는 명령을 하나님께서 주신 의도가 무엇일지 생각해 봅시다(창 9:6). 또 제7계명 "간음하지 말라"는 명령을 하나님께서 주신 의도가 무엇일지 생각해 봅시다(히 13:4).

열매 맺기

1. '말씀 살피기'를 통해 십계명에 관해 알게 된 점들을 정리해 봅시다.

2. 십계명을 지켜야 하는 이유는 무엇입니까?

읽어 보기

율법의 기능은 크게 3가지로 분류할 수 있습니다. ① 죄를 억제하는 기능, ② 죄를 깨닫게 해주는 기능, ③ 삶의 표준과 법칙을 제시하는 기능입니다.

① 죄를 억제하는 기능: 율법은 거듭난 자뿐 아니라 거듭나지 않은 사람에게도 유익을 주는데, 곧 그들로 하여금 죄를 억제케 하는 기능을 합니다. 법이 있다고 해서 죄가 발생하지 않는 것은 아니지만, 법이 있음으로 해서 죄가 덜 발생할 수 있습니다. 이런 점에서 율법은 죄를 억제하는 기능을 합니다(딤전 1:9-10).

② 죄를 깨닫게 해주는 기능: 율법은 죄와 비참함을 깨닫게 해줍니다. 우리가 죄인이라는 사실과 그 죄로 인하여서 얼마나 비참한 존재인지를 깨닫게 해줍니다(롬 5:13; 7:7,9; HC 제3문답). 더 나아가 사람이 율법을 다 지킬 수 없고 스스로 구원에 이를 수 없으므로 구원이 필요함을 확신하도록 만들어 줍니다. 그리하여 유일한 구원자 예수 그리스도께로 인도합니다(갈 3:24; WLC 제95-96문답).

③ 삶의 표준과 법칙을 제시하는 기능: 율법은 신자가 어떻게 살아야 할지, 신자가 어떤 길을 걸어가야 할지를 보여줍니다(시 119:104-105; WLC 제97문답).

위에서 언급된 율법의 3가지 기능은 웨스트민스터 신앙고백서 제19장 제6절에 잘 설명되어 있고, 십계명은 위의 3가지 기능을 모두 갖고 있습니다.

요점 정리

1. 십계명은 율법적인 내용과 복음적인 내용을 모두 포함하고 있습니다.

2. 십계명은 구원을 얻기 위한 조건이 아닙니다. 이미 구원받은 사람이 지키는 법입니다(롬 3:20,28; 갈 2:16,21; WSC 제82문답; WLC 제149문답; HC 제114-115문답).

3. 십계명에는 죄를 억제하는 기능, 죄를 깨닫게 해주는 기능, 삶의 표준과 법칙
   을 제시하는 기능이 있습니다(딤전 1:9-10; 롬 5:13; 7:7,9; 시 119:104-105;
   WLC 제95-97문답).

4. 십계명 중 부정명령(~을 하지 말라)은 긍정명령(~을 하라)을 포함하고 있습
   니다. 반대로 긍정명령은 부정명령을 포함하고 있습니다.

5. 십계명은 출애굽기 20장, 신명기 5장뿐 아니라 성경 전체에 기록되어 있습니
   다. 그러므로 십계명을 해석하기 위해서는 성경 전체를 근거로 해야 합니다.

6. 각 계명에는 하나님의 의도가 담겨 있습니다. 그 의도를 파악하는 것이 중요
   합니다.

7. 모든 계명은 서로 긴밀하게 연결되어 있습니다.

제4과
십계명의 머리말

"나는 너를 애굽 땅, 종 되었던 집에서 인도하여 낸
네 하나님 여호와니라."(출 20:2)

참고: 웨스트민스터 소요리문답 제43-44문답
　　　웨스트민스터 대요리문답 제100-101문답

마음 열기

1. 책을 구입해서 읽을 때 제일 먼저 어디부터 봅니까? 그 이유가 무엇인지 이야기해 봅시다.

말씀 살피기

1. 십계명은 출애굽기 20장 몇 절부터 몇 절까지입니까?

   그렇게 생각한 이유는 무엇입니까?

2. 출애굽기 20:2은 십계명 중 몇 계명입니까? (WSC 제43문답; WLC 제101문답)

3. 출애굽기 20:2에 의하면 십계명은 누가, 언제, 누구에게 주신 것입니까?

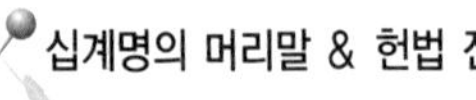

십계명의 머리말 & 헌법 전문(前文)

하나님 나라의 헌법이라는 관점에서 십계명의 머리말은 헌법 전문(前文)과 같습니다. 미합중국(United States of America)이나 대한민국 헌법에는 '전문'이 기록되어 있습니다. 헌법 전문은 헌법의 조문 앞에 있는 공포문(公布文)입니다. 마찬가지로 십계명의 머리말은 십계명의 공포문이라고 할 수 있습니다.

열매 맺기

1. 십계명의 머리말을 암송해 봅시다.

2. 출애굽기 20:2에서 말씀하고 있는 십계명이 주어진 시점은 오늘날 우리에게는 언제라고 할 수 있습니까?(고전 5:7; 10:1-4) 그리고 그것이 주는 의미는 무엇인지 이야기해 봅시다.

요점 정리

1. 십계명은 출애굽기 20:2에서부터 시작합니다. 출애굽기 20:2을 가리켜 '십계명의 머리말(서문)'이라고 합니다. 십계명을 이해하기 위해서는 머리말(서문)의 의미를 분명히 알아야 합니다.

2. 십계명의 머리말에는 십계명의 성격이 잘 나타나 있습니다. 십계명은 하나님이 그 백성에게 주신 언약의 법이며, 이미 구원받은 백성에게 주신 말씀입니다(WSC 제44문답; WLC 제101문답).

제5과

제1계명

“너는 나 외에는 다른 신들을 네게 두지 말라.”(출 20:3)

> 참고: 웨스트민스터 소요리문답 제45-48문답
>
> 웨스트민스터 대요리문답 제103-106문답

마음 열기

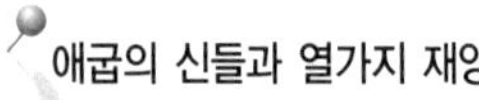 **애굽의 신들과 열가지 재앙**

애굽에는 많은 신들이 있었습니다. 출애굽 직전에 있었던 열 가지 재앙은 애굽에 있었던 많은 신들을 반영합니다. 첫 번째 재앙인 피 재앙(출 7:14-25)은 나일 강의 수호신 크눔(Khnum)과 물고기들을 주관하는 신 하피(Hapi)가 헛된 것임을 보여줍니다. 두 번째 재앙인 개구리 재앙(출 8:1-15)은 개구리 형상을 한 풍요와 다산의 여신 헥트(Heqt)가 헛된 것임을 보여줍니다. 세 번째 재앙인 이 재앙(출 8:16-19)은 땅의 신 셉(Seb)이 헛된 것임을 보여줍니다. 네 번째 재앙인 파리 재앙(출 8:20-32)은 파리 형상의 우상인 핫콕(Hatkok)이 헛된 것임을 보여줍니다. 다섯 번째 재앙인 악질 재앙(출 9:1-7)은 암소 형상의 신 하돌(Hathor)이나 황소 형상의 신 아피스(Apis)가 헛된 것임을 보여줍니다. 여섯 번째 재앙인 독종 재앙(출 9:8-12)은 질병의 수호신 타이폰(Typhon)이나 의술의 신 임호텝(Imhotep)이 헛된 것임을 보여줍니다. 일곱 번째 재앙인 우박 재앙(출 9:13-35)은 하늘 여신 누트(Nut)와 기후의 신 슈(Shu)가 헛된 것임을 보여줍니다. 여덟 번째 재앙인 메뚜기 재앙(출 10:1-20)은 곡물 수호신 셋(Seth)이 헛된 것임을 보여줍니다. 아홉 번째 재앙인 흑암 재앙(출 10:21-27)은 애굽 인들이 최고의 우상으로 숭배한 태양신 레(Re)가 헛된 것임을 보여줍니다. 열 번째 재앙인 장자의 죽음 재앙(출 11:1-12:30)은 생명을 지키는 신 이시스(Isis)와 생명을 부여하는 신 오시리스(Osiris)가 헛된 것임을 보여줍니다.

1. 불신자들은 어떤 신들을 믿습니까?

2. 하나님은 이 세상의 신들과 어떤 점에서 다릅니까?

말씀 살피기

1. 제1계명은 무엇을 금지하고 있습니까?

2. 출애굽기 20:3 "나 외에는"이라는 말에 붙어 있는 '난외주'에는 무엇이라고 기록되어 있습니까? (WSC 제48문답; WLC 제106문답)

3. 마태복음 6:24을 읽고, 2번 답의 의미를 생각해 봅시다.

4. '다른 신'에는 어떤 것들이 있을까요? (합 1:11; 빌 3:19; 골 3:5; 딤후 3:2-4)

5. 제1계명을 긍정명령으로 바꾸어 봅시다. (신 6:4-5; 마 22:37)

6. 다음의 빈칸을 채워 봅시다.

    1) 출애굽기 20:3 "너는 나 외에는 다른 신들을 네게 ______ 말라."

    2) 호세아 13:4 "애굽 땅에 있을 때부터 나는 네 하나님 여호와라. 나 밖에 네가 다른 신을 ________이라. 나 외에는 구원자가 없느니라."

3) 하나님 외에 다른 신을 두지 않는 것은 곧 하나님 외에 다른 신을 ________
않는 것입니다. 그러므로 ____________ 하는 것이 곧 제1계명을 지키는
것입니다.

> 오직 하나님만이 유일하고 참된 하나님이시라는 사실을 알고 인정하고
> 믿고 깨닫는 것도 제1계명입니다. 설교를 듣고, 성경을 읽으며, 성경공부를 하는 등
> 하나님을 알기 위해 하는 모든 노력들이 제1계명을 지키는 것입니다.

7. 하나님께서 제1계명을 주신 이유가 무엇일까요? (사 43:10-13)

____

열매 맺기

1. 제1계명을 암송해 봅시다.

____

2. 우리의 신앙과 삶에서 하나님보다 더 혹은 비슷하게 사랑하는 것에는 어떤 것
들이 있습니까?

____

____

3. 하나님을 알기 위해 얼마나 노력하고 있습니까?

____

____

4. 하나님을 얼마나 사랑하십니까? 하나님을 향한 사랑을 어떻게 실천하고 있습
니까?

____

____

읽어 보기

제1계명을 지키신 예수님

공생애를 시작하신 예수님은 광야에서 마귀의 시험을 받았습니다(마 4:1). 마귀는
예수님을 세 가지 주제로 시험하였는데, 마지막 주제가 바로 제1계명에 관한 것이었습
니다. 마귀는 예수님을 지극히 높은 산으로 데려가서 천하만국과 그 영광을 보여주면
서 이렇게 유혹합니다. "만일 내게 엎드려 경배하면 이 모든 것을 네게 주리라"(9절).

이 유혹에 대해 예수님은 "사탄아 물러가라. 신명기 6:13에 기록되었으되 주 너의
하나님께 경배하고 다만 그를 섬기라 하였느니라"라고 말씀하셨습니다(10절).

예수님은 이렇게 제1계명을 지키셨습니다.

요점 정리

1. 제1계명은 하나님만이 유일하고 참된 신임을 가르쳐 줍니다(신 4:28,35; 사
   43:10-13). 그래서 하나님 외에 다른 신을 두는 것을 금지합니다. 하나님 외의
   다른 신에는 부처, 알라, 바알뿐 아니라 탐심, 먹는 것, 힘, 재물, 쾌락, 이성,
   공부, 외모, 명예, 권력 등도 포함됩니다(합 1:11; 빌 3:19; 골 3:5; 딤후 3:2-4).

2. 제1계명은 하나님 외에 다른 신을 두는 것을 금할 뿐만 아니라, 하나님과 나
   란히 다른 신을 두는 것도 금하고 있습니다. 즉 하나님과 겸하여 섬기는 모든
   것을 금하고 있습니다(마 6:24; WSC 제48문답; WLC 제106문답).

3. 제1계명은 하나님을 알아가라고 명령합니다. 하나님을 알기 위해 노력하는
   것이 제1계명을 지키는 것입니다(호 13:4). 또한 그렇게 알게 된 하나님을 더
   욱 힘써 섬기는 것도 제1계명을 지키는 것입니다(신 6:5).

4. 제1계명은 무신론, 다신론, 범신론, 실천적인 무신론 등이 잘못되었음을 가르
   쳐 줍니다. 나아가 하나님에 대해 잘못된 견해와 추측을 가지는 것도 안 되며,
   하나님을 제대로 알고 섬겨야지 맹목적이고 무분별하게 사랑해서는 안 된다
   (롬 10:2)는 것을 가르쳐 줍니다.

○ 제1계명을 지키는 데 도움이 될 만한 책들

『하나님을 아는 지식』(제임스 패커, IVP)
『열린 신학 논쟁: 열린 신학에 대한 응답』(존 프레임, CLC)
『에큐메니칼 운동과 다원주의』(최덕성, 본문과 현장사이)

제6과

제2계명

"[4]너를 위하여 새긴 우상을 만들지 말고 또 위로 하늘에 있는 것이나 아래로 땅에 있는 것이나 땅 아래 물 속에 있는 것의 어떤 형상도 만들지 말며 [5]그것들에게 절하지 말며 그것들을 섬기지 말라. 나. 네 하나님 여호와는 질투하는 하나님인즉 나를 미워하는 자의 죄를 갚되 아버지로부터 아들에게로 삼사 대까지 이르게 하거니와 [6]나를 사랑하고 내 계명을 지키는 자에게는 천 대까지 은혜를 베푸느니라."(출 20:4-6)

참고: 웨스트민스터 소요리문답 제49-52문답

웨스트민스터 대요리문답 제107-110문답

하이델베르크 요리문답 제96-98문답

마음 열기

1. 제2계명은 언뜻 보면 제1계명과 같아 보입니다. 그러나 자세히 보면 같지 않습니다. 제2계명과 제1계명은 어떻게 다릅니까?

우상숭배 두 가지

'우상숭배'(idolatry)는 크게 두 가지로 나눌 수 있습니다. 첫째는 다른(잘못된) 신을 섬기는 것이고, 둘째는 하나님을 잘못 섬기는 것입니다.

제1계명은 첫 번째 우상숭배에 해당하며 다른 신을 섬기는 것을 금합니다. 여기에는 다른 신의 우상이나 형상을 섬기는 것에 대한 금지도 포함되어 있습니다.

제2계명은 두 번째 우상숭배에 해당하며 다른 신의 우상이나 형상에 절하는 것이 아니라, 하나님을 형상화해서 그것에 절하는 것을 금합니다.

말씀 살피기

1. 신명기 4:15-18을 읽고, 하나님이 만들지 말라고 하신 형상은 누구를 가리키는 것인지 살펴봅시다.

2. 출애굽기 32:1-10을 읽고, 이스라엘 백성이 금송아지를 만든 뒤 그것을 가리켜 '누구'라고 했는지 살펴봅시다.

3. 위 두 질문에 대한 답을 통해 제2계명의 의미를 정리해 봅시다.

4. 하나님을 형상화하면 안 되는 이유는 하나님의 어떤 속성 때문입니까? (신 4:12,15; 요 4:24; WSC 제4문답)

5. 출애굽기 20:5과 요한복음 4:24을 읽고, 예배와 제2계명의 관계를 생각해 봅시다.(HC 제96문답)

6. 레위기 10:1-2; 사사기 17:1-6; 열왕기상 12:27-33; 사무엘상 13:8-14:2; 역대기하 26:16-23을 읽고, 제2계명을 어기는 행위에는 어떤 것들이 있는지, 어겼을 때에는 어떤 일을 당하는지 생각해 봅시다.

읽어 보기

로마가톨릭과 제2계명

과거 로마가톨릭교회당에는 성화나 성상이 가득했습니다. 로마가톨릭은 그런 것들을 보면서 하나님의 뜻을 알 수 있다고 믿었습니다. 또 어떤 사람들은 예수님이 입었던 옷, 예수님이 달렸던 십자가 같은 것이 은혜를 준다고 믿었습니다. 그러나 그렇게 생각하는 것은 제2계명을 어기는 일입니다.

　　로마가톨릭은 자신들의 행위를 감추기 위해서 제2계명을 제1계명에 살짝 묻어버렸습니다. 대신 "하나님의 이름을 망령되게 부르지 말라"는 계명을 제2계명으로 삼고, 마지막 10번째 계명을 둘로 나누어 "네 이웃의 집을 탐내지 말라"를 제9계명으로, "네 이웃의 아내를 탐내지 말라"를 제10계명으로 삼습니다. 그렇게 해서 10개의 말씀을 맞추었습니다.

　　로마가톨릭이 저지른 제2계명에 위배되는 일들을 교훈삼아 제2계명을 바르게 이해한 개신교의 예배당은 단순합니다. 그럼에도 불구하고 오늘날 개신교의 교회당 건물에 예수님을 상상하여 그린 그림(예. 양들 주위에 서 계신 예수님의 그림)을 거는 것은 제2계명을 어기는 일입니다.

열매 맺기

1. 제2계명을 암송해 봅시다.

2. 우리가 믿는 하나님은 어떤 속성을 가진 분인지 이야기해 봅시다.

3. 영이신 하나님을 형상화할 때 어떤 일이 일어날지 이야기해 봅시다.

4. 내가 속한 교회의 예배는 제2계명에 충실한지 이야기해 봅시다.

5. 교회당과 집에 제2계명을 어길 만한 것들이 있지는 않은지 이야기해 봅시다.

요점 정리

1. 제2계명은 제1계명과 다릅니다. 제1계명은 하나님 외에 다른 신을 섬기는 것을 금하는 계명이며, 제2계명은 하나님을 눈에 보이는 형태로 형상화하여 섬기는 것을 금하는 계명입니다(HC 제96문답).

2. 제2계명은 부정명령으로서 하나님을 형상화하여 섬기지 말라는 명령입니다. 제2계명의 긍정명령은 하나님께서 자신을 계시하신 대로 하나님을 섬기라는 것입니다. 하나님께서 하지 말라고 하신 방식이 아닌 하나님이 하라고 하신 방식대로 섬기라는 것입니다.

3. 제2계명은 영으로 존재하는 하나님을 형상으로 바꾸어 섬기는 것을 금하는 계명입니다. 하나님을 '형상화'하는 순간 '영'이신 하나님의 속성은 파괴됩니다. 그리고 결국 하나님을 오해하게 됩니다. 하나님을 이해하기 위해 사용된 형상이 오히려 오해를 부르는 것입니다.

4. 제2계명은 예배의 방법에 관한 계명입니다. 제2계명을 통해 하나님은 하나님께서 계시해 주신 방법대로만 예배하라고 명령하십니다(WSC 제51문답; HC 제96문답). 제2계명은 사람이 자기 생각에 따라 예배하지 말고 하나님께서 예배하라고 하신 방식대로 예배해야 함을 알려줍니다.

5. 십자가 상, 성경 구절, 교회 건물 등에 어떤 신비한 효력이 있는 것처럼 여기는 것은 제2계명을 어기는 것입니다.

◯ 제2계명을 지키는 데 도움이 될 만한 책들

『개혁교회 예배와 예전학』(정일웅, 총신대학교출판부)

『그리스도 중심적 예배』(브라이언 채플, 부흥과개혁사)

『개혁주의 예배』(제임스 드 종, CLC)

제7과

제3계명

"너는 네 하나님 여호와의 이름을 망령되게 부르지 말라. 여호와는 그의 이름을 망령되게 부르는 자를 죄 없다 하지 아니하리라."(출 20:7)

> 참고: 웨스트민스터 소요리문답 제53-56문답
>
> 웨스트민스터 대요리문답 제111-114문답
>
> 하이델베르크 요리문답 제99-102문답

마음 열기

1. 어떤 사람이 내 이름을 마음대로 바꿔서 부르거나 함부로 부른다면 기분이 어떻겠습니까?

말씀 살피기

1. '망령되게' 라는 말은 무슨 의미입니까? (참고. NIV 성경)

2. 창세기 3:20; 17:1,5; 출애굽기 3:14에서 보여주는 '이름' 의 의의는 무엇입니까?

3. 창세기 4:26; 12:8; 13:4,18; 21:33; 26:25을 읽고, 공통적으로 나오는 표현은 무엇이며 그것이 무슨 뜻인지를 적어 봅시다.

4. 레위기 19:12; 신명기 6:13; 마태복음 5:33-37에서 말씀하고 있는 제3계명과 관련된 행위는 무엇입니까?

5. '하나님의 이름으로' 하는 것에는 어떤 것들이 있습니까? (특히 예배 시간에)

____

____

읽어 보기

제3계명을 잘못 지킨 유대인들

　　제3계명을 어떻게 지킬 것인가의 문제를 다룰 때 유대인들을 반면교사로 삼을 필요가 있습니다. 유대인들은 제3계명을 잘 지키려고 애썼습니다. 그런데 제3계명을 지나치게 문자적으로 해석한 나머지 아예 '하나님 여호와'를 부르지 않았습니다. 다시 말하면, "'네 하나님 여호와의 이름을 망령되게 부르지 말라'고 했으니 이름을 아예 부르지 않으면 '망령되게' 부를 일도 없을 것 아닌가?" 하고 생각한 것입니다.

　　예컨대, 과거에는 오늘날과 같이 인쇄술이 발달하지 않았기에 성경을 필사했는데, 야웨(여호와)라는 단어가 나올 때마다 필사하던 일을 잠시 멈추고 손을 씻었습니다. 그러고는 '야웨'라는 말을 쓰지 않고 그 대신 점만 4개를 찍고 넘어갔습니다. 그리고 점으로 표시된 야웨라는 단어를 읽을 때에는 '아도나이'(나의 주님)라고 발음하였습니다.

　　그러나 유대인들의 이러한 방식은 제3계명을 잘 지킨 것이 절대로 아닙니다. 오히려 제3계명을 어긴 것입니다. 제3계명은 "네 하나님 여호와의 이름을 망령되게 부르지 말라"는 명령이면서 동시에 "네 하나님 여호와의 이름을 합당하게 부르라"는 명령이기 때문입니다. 하나님의 이름을 잘못 부르는 것도 잘못이지만, 아예 부르지 않는 것도 잘못입니다.

열매 맺기

1. 성경에서 '하나님' '여호와' 외에 하나님 자신을 나타내신 이름에는 어떤 것이 있습니까?

2. 예배 시간에 나의 태도는 어떠한지 이야기해 봅시다.

3. 하나님 앞에 잘못 서원한 것은 없는지 이야기해 봅시다.

4. 우리 주변에서 제3계명을 어기는 일에는 어떤 것이 있을지 이야기해 봅시다.

요점 정리

1. 제3계명은 하나님 여호와의 이름을 함부로 잘못 부르거나, 언급하거나, 옮기는 것을 금하는 계명입니다.

2. 예배는 여호와 하나님의 이름을 부르는 대표적인 시간입니다(창 4:26; 12:8; 13:4,18; 21:33; 26:25). 그러므로 제3계명은 예배에 있어서 아주 신중한 태도와 엄숙한 자세를 가져야 한다고 명령합니다.

3. 설교, 찬송, 기도, 세례, 서약 등은 하나님의 이름을 부르면서 하는 것으로 제 3계명과 관련된 순서들입니다.

4. 입버릇이나 추임새처럼 "주여" "아버지"라고 말하는 것은 제3계명을 어기는 것입니다.

5. 맹세나 서원은 하나님의 이름으로 하는 것이므로, 불필요한 맹세와 잘못된 서원, 지키기 불가능한 일에 대한 맹세와 서원은 제3계명을 어기는 것입니다 (HC 제99문답).

◯ 제3계명을 지키는 데 도움이 될 만한 책들

『개혁주의 예배신학』(D.G. 하트, P&R)
『기독교 세계관으로 바라보는 21세기 한국사회와 교회』(이승구, SFC) 중 "서원하는 일에 대하여" 부분

제8과
제4계명

"⁸안식일을 기억하여 거룩하게 지키라. ⁹엿새 동안은 힘써 네 모든 일을 행할 것이나 ¹⁰일곱째 날은 네 하나님 여호와의 안식일인즉 너나 네 아들이나 네 딸이나 네 남종이나 네 여종이나 네 가축이나 네 문안에 머무는 객이라도 아무 일도 하지 말라. ¹¹이는 엿새 동안에 나 여호와가 하늘과 땅과 바다와 그 가운데 모든 것을 만들고 일곱째 날에 쉬었음이라. 그러므로 나 여호와가 안식일을 복되게 하여 그 날을 거룩하게 하였느니라." (출 20:8-11)

참고: 웨스트민스터 소요리문답 제57-62문답
　　　웨스트민스터 대요리문답 제115-121문답
　　　하이델베르크 요리문답 제103문답

마음 열기

1. "제4계명" 하면 무엇이 떠오릅니까?

말씀 살피기

1. 하나님의 창조는 며칠 동안 진행되었습니까? 마지막 날에 하나님은 무엇을
   하셨습니까?

2. 하나님께서 안식일을 지키라고 하신 이유는 무엇입니까? (출 20:11; 신 5:15)

3. 구약의 안식일은 언제이며, 신약의 안식일은 언제입니까? (요 20:1; 행 20:7;
   고전 16:2; 계 1:10; WSC 제59문답)

4. 구약과 신약의 안식일이 다른 이유는 무엇입니까?

5. 다음의 빈칸을 채워 봅시다.

제1계명	예배의 ○ ○	제3계명	예배의 ○ ○
제2계명	예배의 방법	제4계명	예배의 ○ ○

6. 주일에는 무엇을 해야 합니까? (WSC 제60문답; WLC 제117문답)

____

____

7. 주일에는 무엇을 하지 말아야 합니까? (WSC 제61문답; WLC 제119문답)

____

____

읽어 보기

유대인들의 제4계명

구약의 안식일인 토요일을 여전히 지키고 있는 유대인들은 제4계명을 지나치게 율법적으로 지킵니다.

유대인들의 가르침을 기록해 놓은 '미쉬나'(Mishnah)에는 안식일에 해서는 안 되는 일이 매우 구체적으로 열거되어 있습니다. 실을 한 줄만 꼬는 것은 되지만 두 줄을 꼬는 것은 안 되며, 2,000규빗(약 900미터) 이상은 가면 안 되고, 성경(출 35:3)에 불을 피우지 말라고 했으니 전등을 켜면 안 되고, 주전자에 쏟아 넣기에 충분한 양의 포도주, 상처를 바를 정도의 꿀, 물통의 손잡이를 만들 수 있는 길이의 로프, 알파벳 철자 2개를 쓸 정도의 잉크를 가지고 다니는 정도만 허용하고, 몸을 가리는 데 꼭 필요한 옷만 입어야 하며, 구덩이에 빠진 소를 끌어내어서는 안 되고, 함정에 빠진 사람을 살리려고 밧줄이나 다른 연장을 가지고 도와서는 안 되고, 이를 잡는 것은 되지만 벼룩을 잡는 것은 안 된다고 쓰여 있습니다.

오늘날의 유대인들은 안식일을 위하여 안식일 전용 엘리베이터(sabbath elevator)를 만들었습니다. 이 엘리베이터는 평일 모드를 설정하면 버튼을 누른 층만 서는데, 안식일 모드로 설정하면 버튼을 누르지 않아도 매 층마다 서게 되어 있습니다. 엘리베이터 버튼을 누르는 것도 안식일을 범하는 것이라고 생각하기 때문에 이러한 엘리베이터를 만들었습니다. 유대인들의 이러한 가르침은 율법주의적입니다.

열매 맺기

1. 제4계명을 암송해 봅시다.

2. 나는 주일을 어떻게 보내고 있습니까?

3. 오늘날 교회와 그리스도인들이 제4계명을 어떻게 지키고 있는지 이야기해 봅시다.

4. 제6, 7, 8계명을 어기는 것은 나쁘게 생각하면서, 제4계명은 쉽게 어기는 것에 대해 어떻게 바라보아야 할지 이야기해 봅시다.

5. 마태복음 12:1-14을 읽고, 주일을 율법적으로 지키는 것의 문제점에 대해 이야기해 봅시다.

6. 만약 제4계명이 없었다면 우리는 어떻게 되었을지 생각해 봅시다.

요점 정리

1. 하나님은 일주일 중 하루를 안식일로 제정하여 하루를 쉬도록 하셨습니다. 그런데 안식일은 단순히 쉬는 날이 아니라, 하나님의 창조와 구원, 시간의 주인이신 하나님을 기억하는 날입니다.

2. 구약시대의 '안식일'은 토요일이었습니다. 그런데 예수님의 부활을 기점으로 요일이 바뀝니다. 예수님이 부활하신 뒤로 안식일은 '토요일'에서 '일요일'로 바뀌게 됩니다. 이 사실은 사도행전 20:7; 고린도전서 16:2; 요한계시록 1:10에서 볼 수 있습니다(WSC 제59문답).

3. 제1계명은 예배의 대상, 제2계명은 예배의 방법, 제3계명은 예배의 태도, 제4계명은 예배의 시간을 다룹니다. 그러므로 신약교회가 예배하는 날은 '일요일'입니다. 예수 그리스도께서 부활하신 날인 '주일'에 예배를 드림으로써 제4계명을 지킵니다(WSC 제59문답; WLC 제116문답).

4. 그리스도인들은 신약의 안식일인 주일을 거룩하게 보내야 합니다. 평소에 하던 일을 멈추고 쉬면서 하나님을 예배하고, 예배를 통해 그리스도 안에서 진정한 쉼을 누리야 합니다. 또한 성도와 교제하며 평수에 하지 못하던 말씀 묵상 등의 경건한 일을 하면서 보내야 합니다(WSC 제60문답; WLC 제117문답).

5. 주일날 평소 하던 일을 멈추기 위해서는 나머지 6일 동안 열심히 일해야 합니다. 주일을 위해 나머지 날들을 잘 사용해야 합니다.

6. 주일날 아무 일도 하면 안 된다는 의미가 아닙니다. 주일에도 할 수 있는 일이 있습니다. 자비의 사역(work of charity), 병 고치는 일(눅 13:10-17; 14:1-6;

요 5:1-18), 선한 일, 부득이한 일 등은 할 수 있습니다(WSC 제60문답; WLC 제117문답).

7. 제4계명은 우리를 일의 노예로 만들지 않으시려는 하나님의 배려입니다.

제4계명을 지키는 데 도움이 될 만한 책들

『안식일과 주일: 성경신학적 이해와 그 적용』(박희석, 크리스챤다이제스트)
『영원한 안식과 주일』(최낙재, 크리스챤다이제스트)

제9과

제5계명

"네 부모를 공경하라. 그리하면 네 하나님 여호와가 네게
준 땅에서 네 생명이 길리라."(출 20:12)

참고: 웨스트민스터 소요리문답 제63-66문답
　　　웨스트민스터 대요리문답 제123-133문답
　　　하이델베르크 요리문답 제104문답

마음 열기

1. 제5계명을 주로 언제 지킵니까?

말씀 살피기

1. 제5계명은 무엇을 하라는 계명입니까?

2. 창세기 45:8; 이사야 49:23; 열왕기하 2:12; 5:13; 사사기 5:7; 사무엘상
   24:11; 고린도전서 4:14-15; 갈라디아서 4:19을 읽고, 누구에게 '아버지' 또
   는 '어머니' 라고 부르는지 기록해 봅시다. (WLC 제124문답)

3. 베드로전서 2:13-18; 로마서 13:1-7을 읽고, 제5계명과의 관계를 생각해 봅
   시다.

4. 제5계명을 지켜야 하는 이유는 무엇입니까? (롬 13:1)

5. 내 마음에 들지 않는 윗사람에게는 순종하지 않아도 됩니까? (벧전 2:18-20)

6. 에베소서 5:22-24; 6:1-9; 디모데전서 5:1-2 을 읽고, 제5계명의 넓은 범위
   에 대해 생각해 봅시다. (WSC 제64문답; WLC 제126문답)

7. 로마서 13:1-7; 베드로전서 2:13-14에서 말씀하는 윗사람은 누구입니까?

8. 디모데전서 5:17에서 말씀하는 윗사람은 누구입니까?

9. 말라기 1:6; 히브리서 12:9에서 말씀하는 '부모' 는 누구입니까?

열매 맺기

1. 나는 부모님께 언제 어떻게 순종하고 있는지 이야기해 봅시다.

2. 내가 순종해야 할 '부모'(윗사람)는 누구입니까? 그분들을 어떻게 대하고 있
   습니까?

____

____

3. 아랫사람으로서 윗사람에게 어떻게 하고 있으며, 어떻게 해야 하겠습니까?
   (WLC 제127-128문답)

____

____

4. 윗사람으로서 아랫사람에게 어떻게 하고 있으며, 어떻게 해야 하겠습니까?
   (WLC 제129-130문답)

____

____

5. 부당한 국가권력에 대해서는 어떤 태도를 취하는 것이 좋을지 이야기해 봅시다.

____

____

요점 정리

1. 제5계명은 부모에게 주 안에서 순종하라는 계명입니다.

2. 제5계명이 말씀하는 '부모'는 육체적인 부모뿐만이 아니라, 우리가 관계 맺
   는 모든 사람 중 윗사람을 뜻합니다(WLC 제124문답).

3. 모든 윗사람에게 순종해야 하는 이유는 모든 권세가 하나님께서 정하신 것이기 때문입니다. 부모를 비롯해서 이 세상의 모든 권세는 하나님에게서 왔습니다(롬 13:1).

4. 제5계명은 '아랫사람'이 '윗사람'에게 해야 할 도리를 말합니다(WLC 제127-128문답). 또한 동시에 윗사람이 아랫사람에게 지켜야 하는 계명이기도 합니다(엡 6:1-9; 딤전 5:1-2; WLC 제129-130문답).

5. 제5계명은 가정, 국가, 교회뿐 아니라 사람이 살면서 경험하는 모든 인간관계에서 지켜야 할 계명입니다. 자녀는 부모에게, 부모는 자녀에게, 국민은 위정자에게, 위정자는 국민에게, 교인은 직분자에게, 직분자는 교인에게 지켜야 할 계명입니다.

제5계명을 지키는 데 도움이 될 만한 책들

『하나님의 약속을 따르는 자녀 양육』(조엘 비키, 지평서원)
『하나님의 언약과 자녀 교육』(최낙재, 성약)

제10과

제6계명

"살인하지 말라."(출 20:13)

> 참고: 웨스트민스터 소요리문답 제67-69문답
>
> 웨스트민스터 대요리문답 제134-136문답
>
> 하이델베르크 요리문답 제105-107문답

마음 열기

1. 제6계명은 나와 무슨 상관이 있을지 이야기해 봅시다.

말씀 살피기

1. 살인(殺人)과 살생(殺生)은 어떻게 다릅니까?

2. 하나님께서 제6계명을 주신 의도는 무엇입니까? (창 9:6)

3. 창세기 1-2장을 통해 하나님이 창조하신 다른 피조물과 사람의 차이점을 정리해 봅시다.

4. 마태복음 5:21-22; 요한일서 3:15에서 말씀하는 살인의 범위는 어디까지입니까? (HC 제106-107문답)

5. 제6계명을 긍정명령으로 바꾸어 봅시다. (잠 24:11; 마 5:23-25; 약 2:1-9;
5:19-20; WSC 제68문답)

___

열매 맺기

1. 다른 사람의 생명을 해롭게 하는 일에는 어떤 것들이 있을지 이야기해 봅시다.

___

2. 나 자신의 생명을 해롭게 하는 일에는 어떤 것들이 있을지 이야기해 봅시다.

___

3. 낙태에 대해 이야기해 봅시다.(창 25:21-22; 시 139:13-16)

___

4. 안락사에 대해서 이야기해 봅시다.

___

5. 전쟁이나 사형은 어떻게 보아야 할지 이야기해 봅시다. (WLC 제136문답)

___

6. 술, 담배, 각종 약물 등을 제6계명과 관련지어 생각해 봅시다.

읽어 보기

 안락사

안락사는 회복이 불가능한 극심한 고통이 뒤따르는 질병상태 또는 기타 이에 준하는 비상한 질병상태에 처한 환자가 고통으로부터 벗어나기 위한 목적으로 직접 혹은 후견인(보호자)을 통하여 자신의 생명을 종결시켜 달라고 요구할 때, 의사가 직접 환자의 생명을 종결시켜 주거나 아니면 환자가 죽을 수 있도록 장치나 약을 준비해 줌으로써 환자가 자살하는 행위를 도와주는 것을 말합니다.

안락사는 살인입니다. 그럼에도 불구하고 사람들은 이 죽음을 미화시키려고 합니다. '편안하고 즐거운 죽음'이라는 뜻의 '안락사'(安樂死)라는 표현만 보아도 알 수 있습니다. 영어 표현인 euthanasia도 '안락한 죽음 혹은 아름다운 죽음'이라는 뜻입니다. 이렇게 미화된 표현들은 '안락사'가 살인이 아니라 '좋은 죽음'이라는 왜곡된 인식을 심어 줍니다.

요즘에는 '자비사'(慈悲死, mercy killing)라는 말까지 생겨 고의적인 살인이 아니라 고통 받는 환자를 돕기 위함임을 강조하기도 하고, 심지어 '존엄사'(尊嚴死)라고 부르며 이러한 죽음의 가치를 더 존귀하게 만들어 버립니다.

요점 정리

1. 제6계명은 사람의 생명을 해롭게 하는 모든 행위를 금하고 있습니다.

2. 하나님은 제6계명을 통해 "모든 생명의 주인이 하나님"임을 깨닫게 하십니다. 또한 살생(殺生)이 아닌 살인(殺人)을 금함으로써 사람의 생명을 존중케 하십니다.

3. 창세기 9:6 "다른 사람의 피를 흘리면 그 사람의 피도 흘릴 것이니 이는 하나님이 자기 형상대로 사람을 지으셨음이니라"는 말씀에는 제6계명을 주신 하나님의 의도가 담겨 있습니다. 사람은 하나님이 창조하신 다른 피조물들과 달리 하나님의 형상과 모양을 따라 지음 받았기에 존귀한 존재입니다.

4. 제6계명은 단순히 사람을 죽이는 행위를 하지 않는 것으로 끝나지 않습니다. 제6계명에 긍정적이고 적극적인 명령이 담겨 있으니 그것은 바로 사람의 생명을 존중하는 모든 일입니다(WSC 제68문답; HC 제107문답).

5. 살인은 어떤 도구로만이 아니라 말과 혀로도 할 수 있습니다. 하나님의 형상대로 지음 받은 사람에게 욕을 하거나 인격 모독을 하는 것도 제6계명을 어기는 일입니다(마 5:21-22; 약 3:8; 요일 3:15; HC 제106-107문답).

6. 아직 태어나지 않은 사람을 죽이는 낙태, 아직 죽지 않은 사람을 인위적으로 죽이는 안락사, 자기 자신을 죽이는 자살, 그 외에 사람의 건강을 해치거나 죽음에 이르게 하는 것, 다른 사람의 생명이 위태로울 때 그를 건지지 않는 것 등도 제6계명을 어기는 일입니다.

7. 정통 기독교에서 전쟁과 사형은 제6계명의 예외에 해당하는 것으로 이해되어 왔습니다. 단, 더 많은 살인을 막기 위한 것일 때에만 그렇습니다(WLC 제136문답).

● 제6계명을 지키는 데 도움이 될 만한 책들

『기독교 윤리학: 개혁주의적 관점에서 본 이론과 실제』(이상원, 총신대학교출판부)
『인간복제, 그 위험한 도전』(이승구, 예영커뮤니케이션)
『교회가 꼭 대답해야 할 윤리 문제들』(신원하, 예영커뮤니케이션)
『전쟁과 정치』(신원하, 대한기독교서회)

제11과

제7계명

"간음하지 말라."(출 20:14)

마음 열기

1. 오늘날의 성 문화에 대해 이야기해 봅시다.

말씀 살피기

1. 간음이란 부부가 아닌 남녀의 성적인 관계를 뜻합니다. 그렇다면 제7계명에
   담긴 하나님의 의도는 무엇일까요? (히 13:4)

2. 성경이 말씀하는 결혼의 원리는 무엇입니까? (창 1:27; 2:18-24; 마 19:4-6;
   WCF 제24장 제1-2절)

3. 간음은 누구에 대한 범죄입니까? (삼하 12:13; 창 39:9)

   왜 그렇게 생각하십니까?

4. 간음에 해당하는 행위에는 어떤 것들이 있습니까? (마 5:27-28; WSC 제72문
   답; WLC 제139문답; HC 제109문답)

5. 동성애와 복혼제를 제7계명의 관점에서 생각해 봅시다. (WLC 제139문답)

6. 이혼과 재혼을 제7계명의 관점에서 생각해 봅시다. (마 5:31-32; 19:3-6; 막
   10:6-12; 고전 7:11)

7. 제7계명의 긍정명령은 무엇입니까? (신 24:5)

읽어 보기

창세기 2:24과 결혼의 원리

창세기 2:24 "이러므로 남자가 부모를 떠나 그의 아내와 합하여 둘이 한 몸을
이룰지로다"에는 "부모를 떠나"라는 말씀이 나옵니다. 그런데 이 말씀과 관련된 최
초의 결혼 당사자라고 할 수 있는 아담과 여자(하와)에게는 부모가 없었습니다. 그
렇다면 왜 이런 말씀이 나올까요? 이 말씀은 아담과 여자(하와)뿐만 아니라 앞으로
이 세상에 오게 될 모든 남자와 여자에게 결혼의 원리를 제시해 주기 위해 기록된
것입니다.

창세기 2:24은 결혼에 대해 다음과 같은 원리를 제공해 줍니다. 첫째, 결혼은 한 남자와 한 여자가 하는 것입니다. 한 남자(여자)와 여러 여자(남자)가 결혼할 수 없고, 남자(여자)와 남자(여자)가 결혼할 수 없습니다. 둘째, 결혼은 부부가 한 몸을 이루는 것입니다. 결혼은 1+1=1이라는 공식이 성립하는 제도입니다. 결혼을 통해 남자와 여자가 만나게 되면 이제 더 이상 둘은 존재하지 않습니다.

열매 맺기

1. 제7계명을 어기는 일, 지키는 일에는 어떤 것들이 있을지 이야기해 봅시다.

2. 나는 어떻게 제7계명을 어기고 있는지 이야기해 봅시다.

3. 나는 어떻게 제7계명을 지키고 있는지 이야기해 봅시다.

4. 결혼과 가정의 개념이 약화된 오늘날, 제7계명은 어떤 의미를 가지는지 이야기해 봅시다.

요점 정리

1. 제7계명은 부부가 아닌 남녀의 성적인 관계를 금하는 것으로, 결혼 생활에 있어 그 순결성이 보장되어야 한다고 가르칩니다(히 13:4).

2. 결혼은 하나님께서 친히 제정하신 제도로서, 1남 1녀가 한 몸을 이루는 것입니다(창 2:24). 이에 반대되는 모든 것은 제7계명을 어기는 일입니다.

3. 간음은 당사자와 배우자에 대한 범죄일 뿐만 아니라 하나님에 대한 범죄이기도 합니다(삼하 12:13; 창 39:9).

4. 음욕을 품는 것, 포르노그래피를 보는 것, 음란한 상상을 하는 것, 매매춘, 강간, 간음, 근친혼, 동성애와 동성혼, 혼전 성관계, 이혼, 재혼 등은 제7계명을 어기는 일입니다.

5. 배우자를 사랑하는 것, 배우자에 대한 의무를 다하는 것, 하나님께서 제정하신 결혼 제도에 대한 존중 등은 제7계명을 지키는 일입니다.

◯ 제7계명을 지키는 데 도움이 될 만한 책들

『이혼』(데이비드 엥겔스마, 낮은울타리)
『혼인, 가정과 교회』(김홍전, 성약)
『교회가 꼭 대답해야 할 윤리 문제들』(신원하, 예영커뮤니케이션)
『성 윤리학: 기독교적 관점』(스텐리 그렌츠, 살림)
『성경이 동성애에 답하다』(케빈 드 영, 지평서원)

제12과

제8계명

“도둑질하지 말라.”(출 20:15)

참고: 웨스트민스터 소요리문답 제73-75문답
웨스트민스터 대요리문답 제140-142문답
하이델베르크 요리문답 제110-111문답

마음 열기

1. 혹시 어린 시절 무심코 도둑질을 한 적이 있다면 이야기해 봅시다.

말씀 살피기

1. 출애굽기 22:1; 레위기 6:2-5; 레위기 19:11; 마가복음 7:21-22에서는 도둑질에 대해 어떻게 말씀하고 있습니까?

2. 잠언 30:8-9; 빌립보서 4:11-13; 디모데전서 6:6-9; 히브리서 13:5에서 말씀하는 도둑질하지 않는 방법은 무엇입니까?

3. 데살로니가전서 4:11-12; 데살로니가후서 3:10-12; 에베소서 4:28에서 말씀하는 도둑질하지 않는 방법은 무엇입니까? (HC 제111문답)

4. 제8계명을 긍정명령으로 바꾸어 봅시다. (엡 4:28; 마 6:3-4)

5. 우리가 가진 모든 소유는 어디서 온 것입니까? (신 8:12-18; 대상 29:14,16)

____

____

읽어 보기

제8계명과 노동, 직업

도둑질하지 않는 방법은 자신이 수고하여 돈을 버는 것입니다. 일(노동)을 하면
도둑질을 해야 할 이유가 적어집니다. 그래서 노동은 제8계명과 관련됩니다.

노동의 근간은 직업입니다. 일정한 직업을 가지는 것은 노동을 위한 최소한의
조건입니다. 그래서 직업은 제8계명을 지키기 위한 근간이 됩니다.

종교개혁자들은 직업을 소명(calling)이라고 했습니다. 직업이란 하나님께서 사
람을 불러 일하도록 두신 곳이라고 생각했습니다. 그래서 직업을 정할 때는 하나
님의 부르심을 따라 정해야 하고, 직장생활을 할 때는 하나님의 뜻을 이루어야 한
다고 보았습니다. 그리고 특정한 직업(예컨대, 교회나 복음과 직접적인 연관을 가
진 직업)만을 소명이라고 생각하는 것을 경계했습니다. 그러므로 그리스도인들은
직업을 중요하게 여기고, 직업을 통해 열심히 일해야 합니다(WLC 제141문답).

열매 맺기

1. 도둑질에는 어떤 것이 있는지 생각해 보고, 그에 대해 이야기해 봅시다. (레
   19:13; 잠 11:1; 20:10,23; 21:6; 렘 22:13; 미 6:10-11; WLC 제142문답; HC 제110
   문답)

____

____

2. 에베소서 4:28; 마태복음 6:3-4에서 말씀하는 제8계명의 긍정명령에 대해 어떻게 실천하고 있는지 이야기해 봅시다.

3. 나의 물질관은 어떻습니까?

요점 정리

1. 제8계명은 나의 것, 너의 것이라는 소유의 구분이 존재한다는 것을 전제로 합니다. 그러면서도 모든 소유는 궁극적으로 하나님의 것임을 전제합니다.

2. 그렇기에 도둑질은 하나님과 이웃에 대한 범죄입니다. 이웃의 것을 빼앗는 일인 동시에 하나님의 것을 빼앗는 일이기 때문입니다.

3. 도둑질은 눈에 보이는 물건이나 돈, 재산, 부동산뿐만 아니라 눈에 보이지 않는 것도 포함합니다. 그러므로 다른 사람의 지식이나 지적 재산권을 훔치는 일에 해당하는 cheating(커닝), 표절, 불법 복제 및 복사, 불법 다운로드 등도 도둑질입니다.

4. 도둑질하지 않는 최선의 방법은 자족(自足)하는 것입니다. 도둑질은 하나님께서 자신에게 주신 것으로 만족하지 못하는 마음에서 비롯합니다(잠 30:8-9; 빌 4:11-13; 딤전 6:6-9; 히 13:5).

5. 능동적으로 자족할 수 있는 대표적인 방법은 노동(勞動, work)입니다. 일(노동)을 하면 자동적으로 도둑질을 하지 않게 됩니다. 왜냐하면 도둑질은 열심

히 일해서 자신의 필요와 욕구를 채우기보다는, 일하지 않고 거저 얻으려고 하는 데서 비롯되기 때문입니다(살전 4:11-12; 살후 3:10-12; 엡 4:28).

6. 노동을 하더라도 재산 축적에 있어 그 과정이 불법적이라면 제8계명을 어기는 것입니다. 도둑질이란 어떤 물건이나 돈을 훔치는 것을 의미하지만, 넓게 해석하면 거짓이나 과장을 통해 부당한 이익을 취하는 것도 포함합니다. 무게나 수치를 속이는 것, 과대포장, 과대광고, 담합, 독과점, 매점매석, 뇌물, 주가 조작 등도 도둑질입니다(레 19:13; 잠 11:1; 20:10,23; 21:6; 렘 22:13; 미 6:10-11).

7. 도둑질을 하다가 더 이상 하지 않게 되었다고 해서 제8계명을 지킨 것은 아닙니다. 자기 손으로 수고하여 먹고 살아야 하며, 더 나아가 가난한 사람을 도울 수 있어야 합니다. 도둑질에서 노동으로, 노동에서 구제로 나아가야 합니다(엡 4:28; WLC 제141문답; HC 제111문답).

● 제8계명을 지키는 데 도움이 될 만한 책들

『가난한 시대를 사는 부유한 그리스도인』(로널드 사이더, IVP)

『그리스도인의 경제윤리』(리차드 스틸, 지평서원)

『노동, 직업 그리고 교회』(정병길, 성약)

『깨끗한 부자 가난한 성자』(양낙흥, IVP)

『돈으로 이웃을 행복하게 하는 그리스도인』(황봉환, 킹덤북스)

제13과

제9계명

"네 이웃에 대하여 거짓 증거하지 말라."(출 20:16)

참고: 웨스트민스터 소요리문답 제76-78문답

웨스트민스터 대요리문답 제143-145문답

하이델베르크 요리문답 제112문답

마음 열기

1. 말실수로 곤란한 일을 경험한 적이 있다면 이야기해 봅시다.

2. 언어 습관의 중요성에 대해 이야기해 봅시다.

말씀 살피기

1. 제9계명은 누가 언제 어디서 지켜야 하는 계명입니까? (출 23:1-3; 민 35:30; 신 19:15-21)

2. 제9계명의 넓은 의미는 무엇입니까? (엡 4:25; 잠 14:5; 19:9)

3. 신명기 32:4; 사무엘상 15:29; 디도서 1:2; 요한복음 8:44을 읽고, 하나님께서 제9계명을 주신 이유를 생각해 봅시다.

4. 사도행전 1:8; 5:32; 디모데전서 6:12-14을 통해 알 수 있는 제9계명의 긍정 명령은 무엇입니까?

____

____

읽어 보기

 스데반과 제9계명

　사도행전 7장에는 스데반의 설교가 나옵니다. 그런데 스데반이 설교하게 된 계기를 자세히 살펴보면, 그것은 설교가 아니라 스데반의 증언이면서 신앙고백임을 알 수 있습니다.

　스데반은 사람들의 모함을 받아 재판정에 서게 되었습니다(행 6:8-15). 이곳에서 거짓 증인들(행 6:13)에 맞서 증언을 합니다. 그 증언이 결국 한 편의 설교가 되었습니다(행 7장). 하나의 신앙고백이 되었습니다.

　스데반의 증언은 제9계명의 성격을 잘 보여줍니다. 제9계명은 거짓 증언을 하지 않는 것, 거짓 증언에 맞서 참된 증언을 하는 것, 진리를 말하는 것, 참된 복음을 증거하는 신자의 사명을 말합니다.

열매 맺기

1. 제9계명을 어긴 경험이 있다면 이야기해 봅시다.

____

____

2. 에베소서 4:29; 야고보서 3:2-12을 읽고, 제9계명을 어떻게 실천해야 할지 이야기해 봅시다.

____

____

3. 오늘날 빈번히 일어나는 명예훼손에 대해 이야기해 봅시다.

____

____

4. 나는 그리스도인으로서 이 세상에서 선한 증인으로 살고 있는지 이야기해 봅시다.

____

____

요점 정리

1. 제9계명은 일차적으로 재판과 관련하여 증인과 재판장으로서 지켜야 할 계명입니다. 증인과 재판장의 말 한마디가 한 사람의 생명에 영향을 끼칠 수도 있습니다(출 23:1-3; 민 35:30; 신 19:15-21).

2. 제9계명은 단순히 법정에서뿐 아니라 모든 종류의 거짓말을 금하는 계명입니다. 신자는 법정뿐 아니라 일상적이고 개인적인 대화, 그 외에 삶의 모든 정황 속에서도 거짓말을 하지 않아야 합니다(엡 4:25; 잠 14:5; 19:9).

3. 제9계명은 항상 참된 것을 말하라는 계명입니다. 모든 영역에서 진실을 말하는 것을 통해 제9계명을 지켜야 합니다(엡 4:25).

4. 하나님께서 거짓말을 금하시는 이유는 하나님의 속성 때문입니다. 하나님은 진리이시며 거짓이 없으신 분입니다. 거짓은 하나님이 아니라 마귀에게 속한 것입니다(신 32:4; 삼상 15:29; 딛 1:2; 요 8:44).

5. 제9계명은 하나님과 세상 앞에서 선한 증언을 하는 증인의 삶을 살라고 명령 합니다(행 1:8; 5:32; 딤전 6:12-14).

제9계명을 지키는 데 도움이 될 만한 책들

『사랑으로 말하는 진리』(한재술, 그책의사람들)

제14과
제10계명 및 정리

"네 이웃의 집을 탐내지 말라. 네 이웃의 아내나 그의 남종이나 그의 여종이나 그의 소나 그의 나귀나 무릇 네 이웃의 소유를 탐내지 말라." (출 20:17)

참고: 웨스트민스터 소요리문답 제79-81문답
웨스트민스터 대요리문답 제146-148문답
하이델베르크 요리문답 제113문답

마음 열기

1. 지금까지 배운 내용 중에서 가장 와 닿은 부분이 있다면 이야기해 봅시다.

2. 제1계명부터 제9계명까지 중에서 내가 가장 지키기 어려운 계명은 무엇이며,
   그 이유는 무엇인지 이야기해 봅시다.

말씀 살피기

1. 제10계명에서 가장 중요한 표현은 무엇입니까? (눅 12:15)

2. 디모데전서 6:6-8을 통해 알 수 있는 제10계명의 긍정명령은 무엇입니까?
   (WSC 제80문답; WLC 제147문답)

3. 십계명을 요약하면 무엇입니까? (마 22:34-40; 롬 13:8-10)

4. 십계명을 완전히 지킬 수 있는 사람이 이 세상에 있습니까? (롬 3:10,23; 7:18-
19,21-23; WSC 제82문답; WLC 제149문답; HC 제114문답)

5. 그럼에도 불구하고 하나님께서 십계명을 주신 이유는 무엇입니까? (HC 제115문답)

6. 십계명을 완전히 지킨 유일한 사람은 누구입니까? (히 4:15; 7:26; 벧전 2:22-23)

읽어 보기

예수님과 십계명

예수님은 우리와 똑같은 사람이십니다. 그렇기에 때로는 목이 마르기도 하셨고
(요 4:6; 19:28), 주리기도 하셨으며(마 4:2), 피곤하기도 하셨습니다. 사람과 똑같
은 감정을 가지셨기에 불쌍히 여기시고 긍휼히 여기기도 하셨습니다(마 8:10; 요
11:35; 12:27; 13:21; 히 5:7).

그런데 예수님은 십계명을 완전히 지키셨습니다. 예수님은 제1계명(마 4:8-10;
눅 22:42; 빌 2:6-8), 제4계명(마 12:1-8), 제5계명(눅 20:22; 요 19:26-27), 제6
계명(마 8:1-4; 9:18-26; 막 5:21-43; 요 11:38-44), 제9계명(딤전 6:13)을 지키
셨습니다. 그 외의 다른 계명도 다 지키셨습니다.

그래서 히브리서 4:15은 다음과 같이 말씀합니다. "우리에게 있는 대제사장은
우리의 연약함을 동정하지 못하실 이가 아니요 모든 일에 우리와 똑같이 시험을
받으신 이로되 죄는 없으시니라."

열매 맺기

1. 십계명을 지키기 위해 얼마나 노력하고 있습니까?

2. 그럼에도 불구하고 다 지키지 못할 때 어떤 마음이 듭니까?

요점 정리

1. 제10계명은 이웃에게 속한 것은 그 어떤 것이라도 탐내지 말라는 명령입니다. 또한 이웃의 것을 자기의 것으로 만들려는 모든 욕망을 금하는 명령입니다.

2. 제10계명을 지키기 위해서는 탐을 내지 않는 것도 중요하지만, 자족(自足)하는 것이 최고의 방법입니다(딤전 6:6). 왜냐하면 탐심이란 자신이 가진 것에 만족하지 못하고 필요한 것보다 더 많이 가지고 싶어 하는 욕구인데, 자족함으로써 그러한 마음을 내려놓을 수 있기 때문입니다.

3. 제10계명은 제8계명과 중복되는 것처럼 보입니다. 하지만 제10계명은 제8계명과 구분됩니다. 제10계명은 자신이 제1계명에서부터 제9계명까지 해당사항이 없다고 생각하는 사람에게 마지막 일격을 가하는 의미가 있습니다.

4. "탐내지 말라"는 명령은 모든 죄의 근본을 금하는 것이라 할 수 있습니다. 제1계명이 뒤에 나오는 모든 계명의 근본이 되는 것처럼, 제10계명은 앞에 나오는 모든 계명의 원인이 됩니다.

5. 십계명을 지키는 원리는 단 하나 '사랑' 입니다. 구체적으로 말하면 '하나님 사랑과 이웃 사랑' 입니다(마 22:34-40; 롬 13:8-10).

6. 이 세상에 그 누구도 십계명을 다 지킬 수는 없습니다(롬 3:10,23; 7:18-19,21- 23; WSC 제82문답; WLC 제149문답; HC 제114문답). 그럼에도 불구하고 하나님 께서 십계명을 주신 이유는 우리가 이 계명들을 도저히 지키지 못한다는 사실 을 깨닫게 하심으로써 우리의 무능력함과 죄악 된 본성을 더욱 잘 알게 하기 위함입니다. 그리하여 궁극적으로는 더더욱 그리스도를 향하도록, 그리스도 로 말미암는 죄 사함과 의로움을 더 간절히 추구하도록 하기 위함입니다(HC 제115문답).

7. 십계명을 완전히 지킨 유일한 사람은 예수 그리스도 한 분뿐이십니다(히 4:15; 7:26; 벧전 2:22-23). 예수님이 우리를 대신하여 십계명을 완전히 지키셨습니 다. 그러므로 예수 그리스도를 믿는 우리들은 그분으로 말미암아 십계명을 다 지킨 것과 같이 되었습니다. 우리가 할 일은 그분께 모든 감사와 영광을 돌려 드리는 것입니다.

부 록

해답을 찾기 위한 요리문답

40문 : 하나님께서 사람에게 순종의 법칙으로 처음 계시하신 것은 무엇입니까?
  답 : 하나님께서 사람에게 순종의 법칙으로 처음 계시하신 것은 도덕법the moral law입니다.[1]

___

1) 롬 2:14-15; 10:5

41문 : 이 도덕법은 어디에 요약적으로 들어comprehended 있습니까?
  답 : 이 도덕법은 십계명the ten commandments에 요약적으로 들어 있습니다.[1]

___

1) 신 10:4; 마 19:17

43문 : 십계명의 머리말the preface은 무엇입니까?
  답 : 십계명의 머리말은 곧 "나는 너를 애굽 땅, 종 되었던 집에서 인도하여 낸 네 하나님 여호와니라"라고 하신 말씀입니다.[1]

___

1) 출 20:2

48문 : 제1계명에 있는 "나 외에"before Me라는 말씀이 우리에게 특별히 가르치는 것은 무엇입니까?
  답 : 제1계명에 있는 "나 외에"라는 말씀이 우리에게 가르치는 것은 만물을 감찰하시는 하나님께서 우리가 다른 신을 섬기는 죄를 눈여겨보시고, 매우 싫어하신다는 것입니다.[1]

___

1) 겔 8:5-6; 시 46:20-21

51문 : 제2계명에서 금지된 것은 무엇입니까?
  답 : 제2계명이 금하는 것은 형상images으로 하나님을 예배하거나,[1] 자신의 말씀으로 정하여 주시지 않은 다른 방법으로 예배하는 것입니다.[2]

___

1) 신 4:15-19; 출 32:5,8 2) 신 12:31-32

59문 : 하나님께서 7일 중에 어느 날을 매 주간의 안식일로 정하셨습니까?

　답 : 태초부터 그리스도의 부활까지는 매 주간의 일곱째 날을 안식일로 정하
셨고, 그 후로부터 세상 끝날까지는 매 주간의 첫째 날을 정하셨으니 이
날이 바로 그리스도인의 안식일Christian sabbath입니다.[1]

---

1) 창 2:2-3; 고전 16:1-2; 행 20:7

60문 : 안식일을 어떻게 거룩하게 하여야 합니까?

　답 : 안식일을 거룩하게 하는 것은 그 날 종일all that day을 거룩하게 쉼by a
holy resting으로 할 것이니,[1] 다른 날에 합당한lawful 여러 가지 세상 일
employments과 오락recreations까지도 쉬고,[2] 그 시간을 공적 또는 사적 예
배에 사용할 것이며,[3] 다만 부득이한 일과 자비를 베푸는 일in the works
of necessity and mercy은 예외입니다.[4]

---

1) 출 20:8,10; 16:25-28　2) 느 13:15-22　3) 눅 4:16; 행 20:7; 시 92; 사 66:23　4) 마 12:1-13

61문 : 제4계명에서 금지된 것은 무엇입니까?

　답 : 제4계명이 금하는 것은 그 요구된 의무들을 이행하지 않거나omission[1] 조
심 없이 이행하는 것careless performance과,[2] 게으름으로 그 날을 욕되게
하거나the profaning the day by idleness 그 자체로서 죄 되는 일을 행하는
것doing that which is in itself sinful과,[3] 세상의 여러 가지 일our worldly
employments과 오락recreations에 대하여 불필요한 생각과 말과 행동을 함
으로써 그 날을 더럽히는 것입니다.[4]

---

1) 겔 22:26; 암 8:5; 말 1:13　2) 행 20:7,9　3) 겔 23:38　4) 렘 17:24-26; 사 58:13

64문 : 제5계명에서 요구된 것은 무엇입니까?

　답 : 제5계명이 요구하는 것은 각 사람에게 속한 지위places와 관계relations에
따라 윗사람superiors,[1] 아랫사람inferiors,[2] 동등한 사람equals[3]으로서 존
경을 유지하고preserving the honour, 의무를 행하라는 것performing the
duties입니다.

---

1) 엡 5:21　2) 벧전 2:17　3) 롬 12:10

68문 : 제6계명에서 요구된 것은 무엇입니까?

　답 : 제6계명이 요구하는 것은 모든 합법적인 노력으로all lawful endeavours 자기 자신의 생명[1]과 다른 사람의 생명[2]을 보존하라는 것입니다.

1) 엡 5:28-29　2) 왕상 18:4

72문 : 제7계명에서 금지된 것은 무엇입니까?

　답 : 제7계명이 금하는 것은 모든 부정(不貞)한unchaste 생각thoughts과 말words과 행동actions입니다.[1]

1) 마 15:19; 5:28; 엡 5:3-4

80문 : 제10계명에서 요구된 것은 무엇입니까?

　답 : 제10계명이 요구하는 것은 자기 자신의 처지condition에 완전히 만족하며 full contentment,[1] 이웃과 그의 모든 것에 대하여 의롭고 사랑하는 마음 a right and charitable frame of spirit을 품으라는 것입니다.[2]

1) 히 13:5; 딤전 6:6　2) 욥 31:29; 롬 12:15; 딤전 1:5; 고전 13:4-7

82문 : 사람이 하나님의 계명을 완전히 지킬 수 있습니까?

　답 : 타락한 후로는 어떠한 사람도 이 세상에서 하나님의 계명을 완전히 지킬 수 없으며,[1] 오히려 생각thought과 말word과 행위deed로 날마다 계명을 어깁니다break.[2]

1) 전 7:20; 요일 1:8,10; 갈 5:17　2) 창 6:5; 8:21; 롬 3:9-21; 약 3:2-13

92문 : 하나님께서 사람에게 순종하도록 제일 먼저 계시하신 법칙은 무엇입니까?
　답 : 죄 없는 상태the estate of innocence의 아담과 그에게 속한 모든 인류 mankind에게 주신 순종의 법칙은 선악을 알게 하는 나무의 열매the fruit of the tree of the knowledge of good and evil를 먹지 말라고 하신 특별한 명령과 함께 주신 도덕법the moral law이었습니다.[1]

---

1) 창 1:26,27; 롬 2:14,15; 10:5; 창 2:17

93문 : 도덕법the moral law은 무엇입니까?
　답 : 도덕법은 인류에 대한 하나님의 뜻의 선언declaration이며, 각 개인이 영혼과 육체의 전인격을 다하여,[1] 완전히 그리고 영원히perpetual 항상 복종 conformity하고 순종obedience하도록 지시하시고 체결하신binding 것으로, 하나님과 사람에 대하여 거룩함holiness과 의로움righteousness의 모든 의무를 이행해야 한다고 가르칩니다.[2] 도덕법은 준수하면upon the fulfilling 생명life을 주시겠다고 약속하신 반면, 그것을 어기면upon the breach of it 사망death을 주시겠다고 경고하셨습니다.[3]

---

1) 신 5:1-3,31,33; 눅 10:26,27; 갈 3:10; 살전 5:23　2) 눅 1:75; 행 24:16　3) 롬 10:5; 갈 3:10,12

94문 : 타락한 후의 사람에게도 도덕법이 유용합니까?
　답 : 타락 이후에는 아무도 도덕법으로는 의righteousness와 생명life을 얻을 수 없습니다.[1] 그러나 모든 사람, 즉 중생하지 못한 사람이나 중생한 사람에게 다 크게 유용great use합니다.[2]

---

1) 롬 8:3; 갈 2:16　2) 딤전 1:8

95문 : 도덕법이 모든 사람에게 어떻게 유용합니까?
　답 : 도덕법은 하나님의 거룩한 본성nature과 뜻will,[1] 또한 그것을 좇아 행해야 하는 사람의 의무에 관하여 알려주므로inform 모든 사람에게 유용합니다.[2] 또한 사람들이 그것을 지킬 능력이 없으며disability, 그들의 본성

nature과 마음hearts과 생활lives이 죄로 오염되었음을 깨닫도록convince 하여[3] 죄sin와 비참misery을 깨닫는 가운데 겸손하게 해줍니다.[4] 그래서 자신들이 그리스도[5]와 그분의 완전한 순종을 필요로 한다는 사실을 분명히 깨닫도록clearer sight 도와줍니다.[6]

---

1) 레 11:44,45; 20:7,8; 롬 7:12   2) 미 6:8; 약 2:10,11   3) 시 19:11,12; 롬 3:20; 7:7

4) 롬 3:9,23   5) 갈 3:21,22   6) 롬 10:4

96문 : 도덕법이 중생하지 못한 사람들에게 특별히 유용한 점은 무엇입니까?

 답 : 도덕법은 중생하지 못한 사람이 장차 올 진노wrath를 피하도록flee 그들의 양심consciences을 일깨워awaken[1] 그리스도에게로 오게 하는 데 drive to 유용합니다.[2] 그리고 그들이 계속 죄의 자리에 머물러 있을 경우 변명할 여지없이 버림을 당하고,[3] 그 저주curse 아래 있게 하는 것입니다.[4]

---

1) 딤전 1:9,10   2) 갈 3:24   3) 롬 1:20; 2:15   4) 갈 3:10

97문 : 도덕법이 중생한 사람들에게 특별히 유용한 점은 무엇입니까?

 답 : 중생하여 그리스도를 믿는 사람들은 행위 언약a covenant of works으로서의 도덕법에서 해방되었으므로be delivered from[1] 이것으로써 의롭다 함을 받거나[2] 정죄되지 않습니다.[3] 그러나 모든 사람에게 공통적으로 유용한 점 말고도 중생한 사람들에게 특별히 유용한 점은, 이 법을 친히 완성하시고 그들을 대신하여 저주를 받으신 그리스도와 그들이 얼마나 친밀한 관계가 있는지how much they are bound to Christ 보여줌으로써[4] 그들로 하여금 더욱더 감사하게 하며to provoke them to more thankfulness,[5] 이 감사를 표시하려고 그들의 순종의 법칙the rule of their obedience으로서의 도덕법을 더욱더 조심하여 따르게 합니다.[6]

---

1) 롬 6:14; 7:4,6; 갈 4:4,5   2) 롬 3:20   3) 갈 5:23; 롬 8:1   4) 롬 7:24,25; 갈 3:13,14; 롬 8:3,4   5) 눅 1:68,69,74,75; 골 1:12-14   6) 롬 7:22; 12:2; 딛 2:11-14

98문 : 도덕법을 포괄적으로 요약해summarily comprehended 놓은 것은 어디에 있습니까?

 답 : 도덕법은 십계명the ten commandments에 포괄적으로 요약해 놓았는데,

이 십계명은 시내 산에서 하나님께서 음성으로 들려주시고, 친히 두 돌
판에 써 주신 것입니다.[1] 이것은 출애굽기 20장에 기록되어 있는데, 첫
네 계명은 하나님께 대한 우리의 의무duty에 관한 것이고, 나머지 여섯
계명은 사람에 대한 우리의 의무에 관한 것입니다.[2]

---

1) 신 10:4; 출 34:1-4   2) 마 22:37-40

99문 : 십계명을 바르게 이해하기 위하여for the right understanding 지켜야 할 규
칙들로는 어떤 것들이 있습니까?
답 : 십계명을 바르게 이해하기 위하여서는 다음의 규칙들을 지켜야 합니다.
① 율법은 완전한 것으로, 각 사람이 의righteousness에 이르고, 전적인 복
종entire obedience에 이르도록 영원토록 전인격을 다하여in the whole
man 온전히 순종하도록 요구합니다. 그러므로 모든 의무를 완전히 수
행하도록 요구하고, 모든 죄의 지극히 적은 부분이라도 범하지 않도
록 금합니다.[1]
② 율법은 영적인spiritual 것으로, 영혼의 이해understanding, 의지will, 정
서affections 그리고 다른 모든 능력에 미치며reach, 그뿐 아니라 말과
행동, 그리고 동작gestures에까지도 미칩니다.[2]
③ 여러 가지 점에서 하나이거나 똑같은 것이 몇몇의 계명에서 요구하거
나 금하여졌다는 것입니다.[3]
④ 의무를 명하고 있는 부분에서는 그와 반대되는 죄가 금하여졌고,[4] 죄
를 금하고 있는 부분에서는 그와 반대되는 의무가 요구됩니다.[5] 이와
같이 어떤 약속이 부가되고 있으면annexed 그와 반대되는 경고
threatening가 포함되어 있고included,[6] 어떤 경고가 부가되고 있으면
그와 반대되는 약속이 포함되어 있습니다.[7]
⑤ 하나님께서 금하시는 것은 어느 때를 막론하고 결코 해서는 안 되며,[8]
하나님께서 명하시는 것은 언제나 우리의 의무입니다.[9] 그러나 모든
특정한 의무every particular duty를 어느 때에나at all times 해야 하는 것
은 아닙니다.[10]
⑥ 한 가지 죄나 의무 아래에 같은 종류의 것들은 다 금해졌거나 명령되
었는데, 그 모든 원인들과 방법들, 기회들occasions, 현상들appearances
및 그것들에 대한 자극provocations까지도 포함되어 있습니다.[11]
⑦ 우리의 지위places에 따라 금하여지거나 명령된 것이라면, 다른 사람
들도 그들의 지위와 의무를 따라서 이를 피하거나avoid 행하도록
perform 노력할 의무가 있습니다.[12]
⑧ 다른 사람들에게 명령된 것에는 우리의 지위와 사명callings에 따라 그

들을 도와야 하며,[13] 그들에게 금한 것에는 그들과 동참하지 않도록 조심해야take heed 합니다.[14]

---

1) 시 19:7; 약 2:10; 마 5:21-22   2) 롬 7:14; 신 6:5; 마 22:37-39; 5:21-22, 27-28, 33-34, 37-39, 43-44   3) 골 3:5; 암 8:5; 잠 1:19; 딤전 6:10   4) 사 58:13; 신 6:13; 마 4:9-10; 15:4-6   5) 마 5:21-25; 엡 4:28   6) 출 20:12; 잠 30:17   7) 렘 18:7-8; 출 20:7; 시 15:1, 4-5; 24:4-5   8) 욥 13:7-8; 롬 3:8; 욥 36:21; 히 11:25   9) 신 4:8-9   10) 마 12:7   11) 마 5:21-22, 27-28; 15:4-6; 히 10:24-25; 살전 5:22; 유 23; 갈 5:26; 골 3:21   12) 출 20:10; 레 19:17; 창 18:19; 수 24:15; 신 6:6-7   13) 고후 1:24   14) 딤전 5:22; 엡 5:11

100문 : 십계명에서 특별히 고려해야 할 점들은 무엇입니까?

　답 : 우리는 십계명에서 머리말preface과 계명 자체의 내용substance과 그것들을 보다 더 강화하기the more to enforce them 위하여 더하여진 이유들reasons annexed을 고려해야 합니다.

101문 : 십계명의 머리말은 무엇입니까?

　답 : 십계명의 머리말은 이 말씀에 포함되어 있으니 "나는 너를 애굽 땅 종 되었던 집에서 인도하여 낸 너의 하나님 여호와니라" 하신 것입니다.[1] 여기에서 하나님은 여호와로서 영원eternal하고 불변immutable하시며 전능almighty하신 하나님으로 자기의 주권sovereignty을 나타내셨으며,[2] 자기의 존재를 자기 자신 안에 스스로 소유하시고[3] 자기의 모든 말씀[4]과 사역works[5]에 따라 존재를 나타내시며, 옛날에 이스라엘과 맺으신 것과 같이 자기의 모든 백성과 언약을 맺으시는 하나님이시며,[6] 이스라엘을 애굽의 종 된 멍에에서 인도하여 내신 것과 같이 우리를 영적 속박spiritual thralldom에서 구원하셨습니다.[7] 그러므로 이 하나님만을 우리의 하나님으로 삼고 그의 모든 계명을 지켜야 합니다.[8]

---

1) 출 20:2   2) 사 44:6   3) 출 3:14   4) 출 6:3   5) 행 17:24,28   6) 창 17:7; 롬 3:29   7) 눅 1:74,75   8) 벧전 1:15-18; 레 18:30; 19:37

106문 : 제1계명에 있는 "나 외에"before Me라는 말씀에서 우리는 특별히 무슨 가르침을 받습니까?

　답 : 제1계명에 있는 "나 외에"before Me 또는 "내 앞에"before My face라는 말씀은 만물을 보고 계신 하나님께서 다른 어떤 신을 두는 죄the sin of

having any other God를 특별히 유의하시고notice of 불쾌하게 여기신다는
것을 가르칩니다. 그래서 이것은 이러한 죄를 범하지 못하게 하며
dissuade, 가장 무례한impudent 도발 행위provocation로서 부담을 주며
aggravate,[1] 또한 우리가 주를 섬기는 일에 무엇을 하든지 주의 목전에서
하도록 설득해 줍니다.[2]

---

1) 겔 8:5-6; 시 44:20-21 2) 대상 28:9

117문 : 안식일 혹은 주일을 어떻게 거룩하게 하여야 합니까?

  답 : 안식일 혹은 주일을 거룩하게 한다는 것은 온종일all the day을 거룩하게
쉼an holy resting으로 할 것이며,[1] 언제나 죄악 된 일을 그칠 뿐만 아니라
다른 날에 합당한 노동employments이나 오락recreations까지 그만두어야
하되,[2] 부득이한 일necessity과 자비를 베푸는 일mercy에 쓰는 것을 제외
하고는,[3] 그 시간을 전적으로the whole time 공적으로나in the public 사적
으로private 하나님께 예배하는 일에 드리는 것을 기쁨으로 삼아야 할 것
입니다.[4] 그 목적을 위하여 우리는 우리의 마음hearts을 준비하며, 세상
일worldly business을 미리foresight 부지런히diligence 절제 있게moderation
배치하고dispose 적절히seasonably 처리하여dispatch, 주일의 의무에 보다
더 자유로이free 또는 적절하게fit 행할 수 있어야 합니다.[5]

---

1) 출 20:8,10 2) 출 16:25-28; 느 13:15-22; 렘 17:21-22 3) 마 12:1-13 4) 사 58:13; 눅
4:16; 행 20:7; 고전 16:1-2; 시 92; 사 66:23; 레 23:3 5) 출 20:8; 눅 23:54,56; 출
16:22,25,26,29; 느 13:19

119문 : 제4계명에서 금지된 죄들은 무엇입니까?

  답 : 제4계명에서 금지된 죄들은 요구된 의무the duties required를 하지 않는
모든 것과[1] 모든 부주의careless와 나태함negligent과 그것들을 무익하게
이행함unprofitable performing과 이에 지쳐 괴로워함weary이며,[2] 또 게으
름idleness과 죄악 된 일을 하는 것과[3] 세상적인 일worldly employments과
오락recreations에 대하여 불필요한 일, 말, 생각들을 함으로써 그 날을 더
럽히는 모든 것all profaning the day입니다.[4]

---

1) 겔 22:26 2) 행 20:7,9; 겔 33:30-32; 암 8:5; 말 1:13 3) 겔 23:38 4) 렘 17:24,27; 사 58:13

124문 : 제5계명에 있는 부모는 누구를 뜻합니까?

  답 : 제5계명에 있는 부모는 육신의 부모natural parents뿐만 아니라,[1] 연령[2]과 은사[3]에 있어서의 모든 윗사람superiors과 특히 하나님의 규례ordinance에 의하여 가정[4]과 교회[5]와 국가commonwealth[6]를 막론하고 우리 위의 권위의 자리에 있는 자들over us in place of authority을 뜻합니다.

---

1) 잠 23:22,25; 엡 6:1,2   2) 딤전 5:1,2   3) 창 4:20-22; 45:8   4) 왕하 5:13   5) 왕하 2:12; 13:14; 갈 4:19   6) 사 49:23

126문 : 제5계명의 일반적 범위scope는 무엇입니까?

  답 : 제5계명의 일반적 범위는 여러 가지 상호 관계에 있어서 아랫사람, 윗사람, 혹은 동등자들로서의 우리가 서로 지고 있는 의무들을 행하는 것performance입니다.[1]

---

1) 엡 5:21; 벧전 2:17; 롬 12:10

127문 : 아랫사람이 윗사람에게 마땅히 드릴 존경honour은 무엇입니까?

  답 : 아랫사람이 윗사람에게 마땅히 드릴 존경은 마음heart[1]과 말word[2]과 행동behaviour[3]에 있어서 모든 합당한 존경all due reverence과, 그들을 위한 기도와 감사와,[4] 그들의 덕행virtues과 은혜graces를 본받음imitation과,[5] 그들의 합법적인 명령과 권고counsels에 즐거이 순종함willing obedience과,[6] 그들의 징계corrections에 마땅히 복종함과,[7] 윗사람들의 여러 계급ranks과 지위의 성질the nature of their places에 따라 그들의 인격persons과 권위authority에 충성하고fidelity[8] 변호하고defence[9] 지지하며 maintenance[10] 또한 동시에 그들의 약점infirmities을 짊어지고bearing 이를 사랑으로 덮음으로써[11] 그들과 그들의 다스림government에 영예가 되게 합니다.[12]

---

1) 말 1:6; 레 19:3   2) 잠 31:28; 벧전 3:6   3) 레 19:32; 왕상 2:19   4) 딤전 2:1,2   5) 히 13:7; 빌 3:17   6) 엡 6:1,2,5-7; 벧전 2:13,14; 롬 13:1-5; 히 13:17; 잠 4:3,4; 23:22; 출 18:19,24   7) 히 12:9; 벧전 2:18-20   8) 딛 2:9-10   9) 삼상 26:15-16; 삼하 18:3; 에 6:2   10) 마 22:21; 롬 13:6-7; 딤전 5:17-18; 갈 6:6; 창 45:11; 47:12   11) 벧전 2:18; 잠 23:22; 창 9:23   12) 시 127:3-5; 잠 31:23

128문 : 아랫사람이 윗사람에 대하여 범하는 죄들은 무엇입니까?

　답 : 아랫사람이 윗사람에 대하여 범하는 죄들은 그들에게 요구된 의무를 소홀히 하는 것neglect[1]과, 합법적인 권고[2]와 명령과 징계[3]를 하는 그들의 인격[4]과 지위[5]에 대하여 시기하고,[6] 경멸contempt하고,[7] 반역하는 것rebellion이며,[8] 그들과 그들의 다스림government에 치욕shame과 불명예dishonour를 주는 그런 모든 난처하고도refractory 불미스러운 태도scandalous carriage[9]를 취하여 저주cursing하고 조롱mocking하는 것들입니다.[10]

---

1) 마 15:4-6　2) 삼상 2:25　3) 신 21:18-21　4) 출 21:15　5) 삼상 10:27　6) 민 11:28-29

7) 삼상 8:7; 사 3:5　8) 삼하 15:1-12　9) 잠 19:26　10) 잠 30:11,17

129문 : 아랫사람에 대하여 윗사람에게 요구되는 것은 무엇입니까?

　답 : 윗사람에게 요구되는 것은 하나님으로부터 받은 권세power와 그들이 놓인 관계에 따라서 그들의 아랫사람을 사랑하고[1] 기도하고[2] 축복하고[3] 가르치고instruct[4] 권고하고 훈계하며admonish,[5] 잘하는 자들에게는 격려하고countenancing[6] 칭찬하고commending[7] 포상하며rewarding,[8] 잘못하는 자들에게는 찬성하지 아니하고discountenancing[9] 책망하고reproving 징벌하며chastising,[10] 영혼[11]과 몸[12]에 필요한 모든 것을 그들을 위하여 보호하고 예비하며,[13] 정중하고grave 지혜롭고 거룩하고 모범적인exemplary 태도carriage로 하나님께 영광을 돌리고,[14] 자신들을 영예롭게 하며,[15] 하나님이 그들에게 주신 권위를 보존하는 것입니다.[16]

---

1) 골 3:19; 딛 2:4　2) 삼상 12:23; 욥 1:5　3) 왕상 8:55-56; 히 7:7; 창 49:28　4) 신 6:6-7

5) 엡 6:4　6) 벧전 3:7　7) 벧전 2:14; 롬 13:3　8) 에 6:3　9) 롬 13:3-4　10) 잠 29:15; 벧전

2:14　11) 엡 6:4　12) 딤전 5:8　13) 욥 29:12-17; 사 1:10,17　14) 딤전 4:12; 딛 2:3-5　15)

왕상 3:28　16) 딛 2:15

130문 : 윗사람의 죄들은 무엇입니까?

　답 : 윗사람의 죄들은 그들에게 요구된 의무를 소홀히 하는 일 외에[1] 자기 자신들의 영광,[2] 안일ease, 유익이나 기쁨pleasure[3]을 지나치게 추구하는 것[4]과 불법한 일이나[5] 아랫사람의 힘에 지나친not in the power of inferiors 일을 하라고 명령하는 것과,[6] 악한 일을 권하거나counselling[7] 격려하거나[8] 찬성하는 것과,[9] 선한 일을 못하게 말리거나dissuading 낙심시키거나 반대하는 것과,[10] 그들을 부당하게unduly 징계하는 것과,[11] 잘못된 일wrong

과 시험temptation과 위험danger에 그들을 부주의하게 폭로하거나 내버려
두는 것leaving과,[12] 그들을 노하도록wrath 격동하게 하는 것provoking
과,[13] 혹은 어떤 방법으로든지 그들 자신을 욕되게 하거나 불공평unjust,
무분별indiscreet, 가혹rigorous, 혹은 태만한 행동remiss behaviour으로 그
들의 권위를 떨어지게 하는 것입니다.[14]

---

1) 겔 34:2-4 2) 요 5:44; 7:18 3) 사 56:10,11; 신 17:17 4) 빌 2:21 5) 단 3:4-6; 행 4:17-
18 6) 출 5:10-18; 마 23:2,4 7) 마 14:8; 막 6:24 8) 삼하 13:28 9) 삼상 3:13 10) 요
7:46-49; 골 3:21; 신 25:3 11) 벧전 2:18-20; 히 12:10; 신 25:3 12) 창 38:11,26; 행 18:17
13) 엡 6:4 14) 창 9:21; 왕상 12:13-16; 1:6; 삼상 2:29-31

136문: 제6계명에서 금지된 죄들은 무엇입니까?

　답 : 제6계명에서 금지된 죄들은 공적 재판publick justice,[1] 합법적인 전쟁
lawful war,[2] 정당방위necessary defence[3]를 제외하고 우리 자신이나[4] 다른
사람의[5] 생명을 빼앗아 가는 모든 것입니다. 또한 합법적이고 필수적인
생명 보존의 방편means of preservation of life을 소홀히 하는 것neglecting
이나 철회하는 것withdrawing,[6] 죄악 된 분노,[7] 증오,[8] 시기envy,[9] 복수심
desire of revenge,[10] 모든 과도한 격정passions,[11] 혼란케 하는 염려
distracting cares,[12] 음식료meat, drink와[13] 노동과[14] 오락[15]의 무절제한 사용
immoderate use과 격동시키는 말provoking words[16]과 압박,[17] 다툼
quarrelling,[18] 구타, 상해[19]와 무엇이든지 사람들의 생명을 파멸로 이끄는
것들입니다.[20]

---

1) 민 35:31,33 2) 렘 48:10; 신 20장 3) 출 22:2,3 4) 행 16:28 5) 창 9:6 6) 마
25:42,43; 약 2:15,16; 전 6:1,2 7) 마 5:22 8) 요일 3:15; 레 19:17 9) 잠 14:30 10) 롬
12:19 11) 엡 4:31 12) 마 6:31,34 13) 눅 21:34; 롬 13:13 14) 전 12:12; 2:22,23 15) 사
5:12 16) 잠 15:1; 12:18 17) 겔 18:18; 출 1:14 18) 갈 5:15; 잠 23:29 19) 민 35:16,17,18,21
20) 출 21:18-36

139문: 제7계명에서 금지된 죄들은 무엇입니까?

　답 : 제7계명에서 금지된 죄들은 요구된 의무들을 등한히 하는 일neglect 외
에,[1] 간음adultery, 음행fornication,[2] 강간rape, 근친상간incest,[3] 동성애
sodomy, 모든 부자연스러운 정욕all unnatural lusts,[4] 모든 부정한 상상과
생각, 목적, 애정affections,[5] 모든 부패한 혹은 추잡한filthy 교제, 혹은 그
것에 귀를 기울이는 것,[6] 음탕한 표정wanton looks,[7] 뻔뻔스러운 추태나

경솔한 행동impudent or light behaviour, 단정치 못한 옷차림immodest apparel,[8] 합법적인 결혼을 금하는 것[9]과 불법적인 결혼의 시행,[10] 매음 stews을 허락allowing, 관용tolerating, 보존하며keeping, 음녀들에게 가는 것resorting,[11] 독신 생활에 얽매이는 서약entangling vows of single life,[12] 결혼의 부당한 지연,[13] 일시에 두 사람 이상의 아내나 남편을 가지는 것,[14] 부당한 이혼[15] 혹은 버림desertion,[16] 게으름idleness, 지칠 줄 모르는 정욕 gluttony, 술 취함,[17] 순결치 않은 교제unchaste company,[18] 음탕한lascivious 노래, 서적, 그림, 춤, 연극과[19] 우리들 자신이나 다른 사람들에게 음란을 자극시키는 것provocations이나 음란의 행위를 하는 모든 것들입니다.[20]

---

1) 잠 5:7　2) 히 13:4; 갈 5:19　3) 삼하 13:14; 고전 5:1　4) 롬 1:24,27; 레 20:15,16　5) 마 5:28; 마 15:19; 골 3:5　6) 엡 5:3-4; 잠 7:5,21,22　7) 사 3:16; 벧후 2:14　8) 잠 7:10,13　9) 딤전 4:3　10) 레 18:1-21; 말 2:11-12　11) 왕상 15:12; 왕하 23:7; 신 23:17-18; 레 19:29; 렘 5:7; 잠 7:24-27　12) 마 19:10-11　13) 고전 7:7-9; 창 38:26　14) 말 2:14-15; 마 19:5　15) 말 2:16; 마 5:32　16) 고전 7:12-13　17) 겔 16:49; 잠 23:30-33　18) 창 39:10　19) 엡 5:4; 겔 23:14-16; 사 23:15-17; 사 3:16; 막 6:22; 롬 13:13; 벧전 4:3　20) 왕하 9:30; 렘 4:30; 겔 23:40

141문 : 제8계명에서 요구된 의무들은 무엇입니까?

답 : 제8계명에서 요구된 의무들은 사람과 사람 사이의 계약contracts과 거래 commerce에 있어서의 진실함, 신실함, 공정함,[1] 모두에게 각자의 몫을 주는 것rendering to everyone his due,[2] 정당한 소유주로부터 불법으로 압류한 것의 배상restitution of goods unlawfully detained,[3] 우리의 능력abilities과 다른 사람들의 필요necessities에 따라 자유롭게freely 주고 빌려주는 것,[4] 이 세상 재물worldly goods에 대한 우리의 판단judgments과 의지wills와 애정affections을 절제하는 것moderation,[5] 우리의 본성의 유지for the sustentation of our nature에 필요하고 편리하며 우리의 형편에 맞는 것 suitable to our condition을 얻고get[6] 보존하며keep 사용하고use 처리하는 dispose 일에 대해 신중하게 살피는 것provident care과 연구하는 것study,[7] 합법적인 직업a lawful calling과[8] 그 일에 근면하는 것,[9] 검소함frugality,[10] 불필요한 소송lawsuits을 피하는 것,[11] 보증서는 일suretyship이나 그와 같은 약속들engagements을 피하는 것,[12] 우리들의 것뿐만 아니라 다른 사람들의 부wealth와 재산estate을 획득하고procure 보존하고preserve 증진하기 further 위하여 모든 공정하고 합법적인 방법으로by all just and lawful means 노력하는 것endeavor입니다.[13]

1) 시 15:2,4; 슥 7:4,10; 8:16-17   2) 롬 13:7   3) 레 6:2-5; 눅 19:8   4) 눅 6:30,38; 요일 3:17; 엡 4:28; 갈 6:10   5) 딤전 6:6-9; 갈 6:14   6) 딤전 5:8   7) 잠 27:23-27; 전 2:24; 3:12-13; 딤전 6:17-18; 사 38:1; 마 11:8   8) 고전 7:20; 창 2:15; 3:19   9) 엡 4:28; 잠 10:4 10) 요 6:12; 잠 21:20   11) 고전 6:1-9   12) 잠 6:1-6; 11:15   13) 레 25:35; 신 22:1-4; 출 23:4-5; 창 47:14,20; 빌 2:4; 마 22:39

142문 : 제8계명에서 금지된 죄들은 무엇입니까?

답 : 제8계명에서 금지된 죄들은 요구된 의무들을 등한히 하는 일 외에,[1] 도둑질theft,[2] 강도robbery,[3] 사람 납치man-stealing,[4] 장물(贓物) 취득 receiving anything that is stolen,[5] 사기 거래fraudulent dealing,[6] 무게와 수치를 속이는 것false weights and measures,[7] 땅의 경계 표지를 옮기는 것 removing land marks,[8] 사람들 사이에 맺어진 계약[9]이나 신탁[10]에 대한 불공정과 불성실injustice and unfaithfulness in contracts between man and man, or in matters of trust, 억압oppression,[11] 착취extortion,[12] 고리 대금usury,[13] 뇌물bribery,[14] 소송 남용vexatious lawsuits,[15] 부당하게 울타리를 치는 것과 내쫓는 것unjust enclosures and depopulations,[16] 가격 인상을 위한 매점매석(買占賣惜)engrossing commodities to enhance the price,[17] 불법적인 직업unlawful callings,[18] 우리의 이웃으로부터 불공정하고 죄악 된 방법으로 취하거나 억류하는 것all other unjust or sinful ways of taking or withholding from our neighbor, 그렇게 하여 자신을 부유케 하는 것,[19] 탐욕 covetousness,[20] 세상 재물을 과도하게 소중히 여기고 좋아하는 것 inordinate prizing and affecting worldly goods,[21] 세상 재물을 얻고 보존하고 사용함에 있어서 의심하고 괴롭게 하는 염려와 노력distrustful and distracting cares and studies,[22] 다른 사람의 번영에 대한 질투,[23] 마찬가지로 게으름idleness,[24] 방탕prodigality, 낭비성 게임wasteful gaming, 다른 모든 방법으로 우리의 재산에 끼치는 부당한 손해unduly prejudice,[25] 하나님께서 우리에게 주신 재물의 바른 사용과 안위the due use and comfort를 우리 스스로 빼앗는 것입니다.[26]

1) 약 2:15-16; 요일 3:17   2) 엡 4:28   3) 시 62:10   4) 딤전 1:10   5) 잠 29:24; 시 50:18   6) 살전 4:6   7) 잠 11:1; 20:10   8) 신 19:14; 잠 23:10   9) 암 8:5; 시 37:21   10) 눅 16:10-12   11) 겔 22:29; 레 25:17   12) 마 23:25; 겔 22:12   13) 시 15:5   14) 욥 15:34   15) 고전 6:6-8; 잠 3:29-30   16) 사 5:8; 미 2:2   17) 잠 11:26   18) 행 19:19,24-25   19) 욥 20:19; 약 5:4; 잠 21:6   20) 눅 12:15   21) 딤전 6:5; 골 3:2; 잠 23:5; 시 62:10   22) 마 6:25,31,34; 전 5:12   23) 시 73:3; 37:1,7   24) 살후 3:11; 잠 18:9   25) 잠 21:17; 23:20-21; 28:19   26) 겔 4:8; 6:2; 딤전 5:8

147문 : 제10계명에서 요구된 의무들은 무엇입니까?

　답 : 제10계명에서 요구된 의무들은 자기 자신의 처지condition에 완전히 만족하며full contentment,[1] 우리의 이웃에 대하여 온 영혼을 다하여 사랑하며such a charitable frame of the whole soul, 우리의 모든 내적인 행동motions과 감정affections으로 그들을 만지며, 이웃의 소유 전체를 더욱더 잘 돌보는 것입니다tend unto, and further.[2]

---

1) 히 13:5; 딤전 6:6　2) 욥 31:29; 롬 12:15; 시 122:7-9; 딤전 1:5; 에 10:3; 고전 13:4-7

149문 : 사람이 하나님의 계명을 완전히 지킬 수 있습니까?

　답 : 아무도 자기 스스로나,[1] 이 세상에서 받은 어떤 은혜로도 하나님의 계명을 완전히 지킬 수 없고,[2] 오히려 날마다 생각[3]과 말과 행동으로 계명을 범합니다break them.[4]

---

1) 약 3:2; 요 15:5; 롬 8:3　2) 겔 7:20; 요일 1:8,10; 갈 5:17; 롬 7:18-19　3) 창 6:5; 8:21　4) 롬 3:9-19; 약 3:2-13

하이델베르크 요리문답 (HC)

96문 : 제2계명에서 하나님께서 원하시는 것은 무엇입니까?

　답 : 어떤 형태로든 하나님을 형상image으로 표현하지 않는 것이고,[1] 하나님이 그의 말씀에서 명하지 아니한 다른 방식으로 예배하지 않는 것입니다.[2]

---

1) 신 4:15-18; 사 40:18-19,25; 행 17:29; 롬 1:23-25　2) 레 10:1-2; 신 12:30-32; 삼상 15:22-23; 마 15:9

99문 : 제3계명에서 하나님께서 원하시는 것은 무엇입니까?

　답 : 우리가 저주cursing나[1] 거짓 맹세perjury,[2] 또는 불필요한 서약oaths으로[3] 하나님의 이름을 욕되게 하거나blaspheme 잘못 사용하지misuse 않는 것이며, 더 나아가 침묵하는 방관자bystanders가 되어 그러한 두려운 죄에 참여하지 않는 것입니다.[4] 오히려 하나님의 거룩한 이름을 두려워하고 존경하는 마음으로만only with reverence and awe 사용하여,[5] 우리가 하나님

을 바르게 고백하고confess[6] 부르며pray to[7] 우리의 모든 말say과 행실do
에서 그분이 영광을 얻도록praise 하는 것입니다.[8]

---

1) 레 24:15-16; 민 22:5-6   2) 레 19:12   3) 마 5:37; 약 5:12   4) 레 5:1; 잠 29:24   5) 사 45:23; 렘 4:2   6) 마 10:32; 롬 10:9-10   7) 시 50:15; 딤전 2:8   8) 롬 2:24; 엡 4:29; 골 3:17; 딤전 6:1

105문: 제6계명에서 하나님께서 원하시는 것은 무엇입니까?

답: 내가 이웃의 명예를 훼손하거나belittle 그들을 미워하거나hate 해치거나insult 죽이지kill 않기를 원하십니다.[1] 나는 생각thoughts이나 말words이나 몸짓look or gesture으로 무엇보다도 행동deeds으로 그리해서는 안 되고, 다른 사람을 시켜서 해도 안 되며, 오히려 모든 복수심revenge을 버려야 합니다.[2] 더 나아가 자기 자신을 해쳐서도 안 되고 부주의하게recklessly 위험에 빠뜨려서도 안 됩니다.[3] 그러므로 살인을 막기prevention 위해서 국가는 또한 칼을 가지고 있습니다.[4]

---

1) 창 9:6; 마 5:21-22; 26:52   2) 잠 25:21-22; 마 18:35; 롬 12:19; 엡 4:26   3) 마 4:7; 골 2:23   4) 창 9:6; 출 21:14; 롬 13:4

106문: 그런데 이 계명은 살인에 대해서만 이야기합니까?

답: 아닙니다. 하나님께서는 살인을 금함forbid으로써 살인의 뿌리가 되는 시기envy, 증오hatred, 분노anger, 복수심vindictiveness 등을 미워하시며,[5] 이 모든 것들을 살인으로 여기신다고 가르칩니다.[6]

---

5) 시 37:8; 잠 14:30; 롬 1:29; 갈 5:19-21; 약 1:20; 요일 2:9-11   6) 요일 3:15

107문: 앞에서 말한 방식으로 우리 이웃을 죽이지 않으면, 그것으로 이 계명을 다 지킨 것입니까?

답: 아닙니다. 하나님께서는 시기와 증오와 분노를 정죄하심으로써 우리가 우리 이웃을 자기 자신처럼 사랑하여,[7] 인내patient와 화평peace-loving과 온유gentle와 자비merciful와 친절friendly을 보이고,[8] 우리가 할 수 있는 한 그들을 해악harm으로부터 보호하며, 심지어 원수에게도 선good을 행하라고 하셨습니다.[9]

7) 마 7:12; 마 22:39; 롬 12:10   8) 마 5:5,7; 눅 6:36; 롬 12:18; 갈 5:22-23; 6:1-2; 엡 4:1-3; 골 3:12; 벧전 3:8   9) 출 23:5; 마 5:44-45; 롬 12:20-21

108문: 제7계명에서 하나님께서 원하시는 것은 무엇입니까?

답: 모든 부정(不貞)unchastity은 하나님의 저주 아래 있습니다.[1] 따라서 거룩한 혼인의 관계에 있든지 독신으로 있든지,[2] 우리는 어떤 부정이라도 마음으로부터 미워하고detest, 순결하고decent 단정한chaste 생활을 해야 합니다.[3]

1) 레 18:27-29; 엡5:5   2) 말 2:16; 마 19:9; 고전 7:10-11; 히 13:4   3) 살전 4:3-5; 유 23

109문: 하나님께서는 이 계명에서 간음adultery, 또는 그와 같은 부끄러운 죄 scandalous sins만을 금하십니까?

답: 우리의 몸과 영혼이 모두 성령의 전(殿)이기 때문에 우리가 몸과 영혼을 순결하고clean 거룩하게holy 지키기를 원하십니다.[4] 그렇기에 하나님께서는 모든 부정한 행동actions이나 몸짓looks, 말talk이나 생각thoughts이나 욕망desires,[5] 또한 그리로 유혹하는 모든 것을 금하십니다.[6]

4) 고전 6:18-20   5) 신 22:20-29; 마 5:27-28; 엡 5:3-4   6) 고전 15:33; 엡 5:18

110문: 제8계명에서 하나님께서 금하신 것은 무엇입니까?

답: 하나님께서는 국가가 법으로 처벌하는 도둑질theft과[1] 강도질robbery만을[2] 금하신 것이 아니고, 이웃의 소유를 자기의 것으로 삼으려고 시도하는 모든 속임수cheating와 간계swindling를 도둑질이라고 말씀하십니다.[3] 이런 것들은 폭력으로 혹은 합법성을 가장하고서 일어날 수 있는데 곧 거짓inaccurate 저울measurements of weight이나 자size나 되volume,[4] 부성품 fraudulent merchandising, 위조 화폐counterfeit money와 고리대금excessive interest과 같은 일, 기타 하나님께서 금하신 일들입니다.[5] 하나님께서는 또한 모든 탐욕greed을 금하시고,[6] 그의 선물들이 조금이라도 잘못 사용되거나 낭비되는 것squandering을 금하십니다.[7]

1) 출 22:1; 고전 6:10   2) 레 19:13   3) 눅 3:14; 고전 5:10   4) 신 25:13-15; 잠 11:1; 16:11; 겔 45:9-10 5) 시 15:5; 눅 6:35   6) 눅 12:15; 엡 5:5   7) 잠 21:20; 23:20-21; 눅 16:10-13

111문 : 이 계명에서 하나님께서 원하시는 것은 무엇입니까?
　답 : 내가 할 수 있고 해도 좋을 경우에는 나의 이웃의 유익good을 증진시키
　　　며, 내가 남에게 대접을 받고 싶은 대로 이웃에게 행하고,[8] 더 나아가 어
　　　려움 가운데 있는 가난한 사람을 도울 수 있도록 성실하게faithfully 일해
　　　야 합니다.[9]

---

8) 마 7:12　9) 사 58:5-11; 갈 6:9-10; 엡 4:28

114문 : 그런데 하나님께 돌아온 사람이 이 계명들을 완전히 지킬 수 있습니까?
　답 : 아닙니다. 가장 거룩한 사람이라도 이 세상에 살 동안에는 이러한 순종
　　　을 겨우 시작했을 뿐입니다.[2] 그러나 그들은 굳은 결심으로with all
　　　seriousness of purpose 하나님의 일부 계명만이 아니라 모든 계명에 따라
　　　살기 시작합니다.[3]

---

2) 전 7:20; 롬 7:14-15; 고전 13:9; 요일 1:8,10　3) 시 1:2; 119:5-6,106; 롬 7:22; 요일 2:3

115문 : 이 세상에서는 아무도 십계명을 완전히 지킬 수 없는데 하나님께서는 왜
　　　그렇게 엄격히pointedly 십계명을 설교하게 하십니까?
　답 : 첫째, 평생 동안 우리의 죄악 된 본성sinfulness을 더욱더 알게 되고,[4] 그
　　　리하여 그리스도 안에서 사죄forgiveness와 의로움righteousness을 더욱더
　　　간절히eagerly 추구하도록look to Christ 하기 위함입니다.[5] 둘째, 이 세상
　　　의 삶을 마치고 목적지인 완전에 이를 때까지, 하나님의 형상으로 더욱
　　　더 변화되기를 끊임없이 노력하고stop striving 하나님께 성령의 은혜를
　　　구하기praying 위함입니다.[6]

---

4) 시 32:5; 롬 3:20; 요일 1:9　5) 마 5:6; 롬 7:24-25　6) 고전 9:24; 빌 3:12-14; 요일 3:2-3